미래 학교

BOOK
JOURNALISM

미래 학교

발행일 ; 제1판 제1쇄 2020년 1월 15일 제1판 제4쇄 2022년 3월 7일
지은이 ; 엄윤미 · 한성은 발행인 · 편집인 ; 이연대
주간 · 편집 ; 김하나 제작 ; 강민기
디자인 ; 최재성 · 유덕규 지원 ; 유지혜 고문 ; 손현우
펴낸곳 ; ㈜스리체어스 _ 서울시 중구 한강대로 416 13층
전화 ; 02 396 6266 팩스 ; 070 8627 6266
이메일 ; hello@bookjournalism.com
홈페이지 ; www.bookjournalism.com
출판등록 ; 2014년 6월 25일 제300 2014 81호
ISBN ; 979 11 89864 97 2 03300

BOOK
JOURNALISM

미래학교

엄윤미·한성은

; 학교를 '배움을 목적으로 하는 사람들이 모여
있는 커뮤니티'로 정의한다면, 학교는 사라지지
않을 것이다. 네모난 건물, 칸칸이 나뉜 교실, 칠
판을 바라보고 줄지어 앉는 책상 같은 물리적인
공간, 선생님이 수업을 진행하고 학생들이 한 방
향으로 앉아 수업을 '듣는' 것처럼 학교라는 말
을 들었을 때 흔히 떠올리는 모습과는 전혀 다른
학교를 상상할 수 있어야 한다.

차례

프롤로그

미래를 말할 때
반드시 떠오르는 질문

학교는 사라질까

최근 몇 년간 가장 많이 쓰이고 있는 단어는 '미래'일 것이다. 인공지능 같은 새로운 기술은 상상 이상의 빠른 속도로 우리의 삶을 바꾸고 있다. 급변하는 세상에 대한 기대와 우려, 상상이 일상 대화와 미디어의 시간을 점유하면서 미래는 현재를 사는 우리가 반드시 논해야 하는 화두가 되었다.

가벼운 대화에서든 진지한 칼럼에서든 미래에 대한 고찰이 어느 정도 이어지고 나면 약속이나 한 것처럼 반드시 등장하는 질문이 있다. '교육은 어떻게 달라져야 하는가?' 교육이 사회의 현재를 지탱하고 미래를 준비하는 역할을 한다는 것을 생각하면 당연한 질문이다. 우리가 익숙한 오늘의 사회는 어제의 교육을 받은 어른들이 만들어 굴려 나가고 있다. 지금은 상상하기도 어려운 미래의 사회는 오늘 교육받고 있는 사람들이 어른이 되어 만들어 갈 것이다. 미래는 다음 세대의 몫이지만, 그다음 세대가 미래를 준비할 수 있는 교육의 운동장을 마련하는 것은 지금을 사는 어른의 몫이다.

미래를 만들기 위한 오늘부터의 교육은 어떻게 상상해야 할까? 미래 교육의 목표와 지향에 대해서는 이미 다양한 논의가 진전되어 있다. OECD 같은 국제기구부터 세계 각국의 교육자와 교육 전문가는 물론 기업의 인재 전략 전문가, 경영 구루, 벤처 투자자들도 각자의 전문성을 바탕으로 미래의 일과 사회를 상상하며 교육에 대한 의견을 내왔다. 다양한 사람들이 참여한 논의라는 것을 감안하면 놀라울 만큼 일치되는 의견들이 많다. 우선 문제 해결, 협업, 커뮤니케이션, 창의성 관련 역량을 키우는 것이 단순한 지식의 전달보다 중요하다는 것이다. 지속적으로 변화하는 사회에 계속해서 적응하며 자신의 일을 찾거나 만들어 가야 하는 미래에는 '배우는 법'을 배워야 한다는 주장도 공통적이다. 인간 고유의 능력인 공감 능력, 연결된 세계에서 살아가는 시민으로서 가져야 할 가치관도 강조된다. 무엇을, 왜 배워야 하는가를 묻는 질문에 대한 답은 어느 정도 합의점을 찾아가고 있다고 할 수 있다. 사용하는 표현이나 의미의 위계는 달라도 공통적으로 강조하는 역량과 가치는 분명하다.

반면 '어떻게'를 묻는 논의는 상대적으로 기초적인 수준에 머물러 있다. OECD의 미래 교육 보고서 〈학습나침반 Learning Compass 2030〉도 새로운 교육의 목적과 방향을 제시하고는 있지만, 실제 현장에서 적용하기 위해서는 각국의 교육 주체들이 각자의 현실과 맥락 속에서 적절한 방법을 찾아내야 한다는 입장을 취하고 있다. 구체적인 교육 혁신 사례를 발굴해 방법론을 찾는 OECD 교육 역량국의 후속 프로젝트 〈교수법 Teaching 2030〉 또한 좌표는 찾았으나 실행 전략은 불투명한 현 상황을 보여 주고 있다. 문제에 대한 인식, 가야 할 방향에 대해서는 합의했지만 어떻게 가야 할지를 놓고는 다양한 의견이 오가고 있는 것이다.

'어떻게'를 논하는 스펙트럼의 끝단에는 학교가 사라질 것이라는 주장이 있다. 머지않은 미래에 전통적인 형태의 학교가 사라질 것이라는 이런 주장은 지속적인 기술의 발전을 근거로 삼고 있다. 온라인 강의로 개인의 속도에 맞춘 학습이 가능하다는 것을 증명한 칸 아카데미Khan Academy에 이어 미국 유수 대학의 강의를 영상으로 담아 모두에게 공개한 코세라 Coursera, 유데미Udemy 등 MOOCMassive Open Online Course가 포문을 열었다. 온라인 강의의 문제점으로 지적된 일방향성을 뛰어넘어, 활발한 실시간 상호 작용이 가능한 가상의 수업 공간을 온라인에 구현한 것이다.

혁신적인 대학 미네르바 스쿨Minerva School에서 대부분의 수업은 바로 이러한 가상의 공간에서 이루어진다. 미네르바는 학교의 건물에 투자하는 대신 상호 작용이 가능한 온라인 강의 프로그램과 혁신적인 커리큘럼을 개발했다. 학교를 떠나 홈스쿨링을 하는 초중등학생들이 필요한 수업을 찾아 수강하는 아웃스쿨Outschool은 강사 1000여 명이 진행하는 8000여 개의 다양한 강의를 운영한다. 예를 들면, 해리포터를 읽으며 영어를 공부하고, 함께 수강하는 학생들이 온라인 공간에서 만나 글쓰기를 함께 연습할 수 있다. 2015년 설립된 아웃스쿨은

2019년 850만 달러(99억 원) 규모의 시리즈A 투자를 유치했다. 서로가 서로를 가르치는 스킬셰어skillshare는 성인들을 위한 평생 학습 플랫폼을 제공한다. DSLR 사진 찍기부터 커리어 관리까지 2만 5000여 개 강의 프로그램이 올라와 있다. 짤막한 영상 강의에 직접 만들거나 실행해 보는hands-on 프로젝트가 결합된 구조다.

사람들을 연결하고 배움을 제공하는 열린 플랫폼들은 빠르게 성장하고 있다. 개인의 관심사와 필요에 맞춘 교육이 언제 어디서나 가능한 시대가 되어 가고 있다. 그렇다면 학교라는 닫힌 공간에서 일정한 연령대, 정해진 시간표 안에 배움을 가두어 둘 필요가 없다는 주장은 설득력이 있어 보인다.

그럼에도 불구하고 학교는 가까운 미래에는 사라지지 않을 것이다. 당분간 대다수 국가 공교육의 기본 유닛unit은 학교일 것이기 때문이다. 온라인 플랫폼과의 협업이 활발하게 이루어진다 해도 학생들이 배움을 목적으로 모여 교사를 만나는 곳은 여전히 학교일 것이다. 여행을 하며 세계 어느 나라에서나 온라인 강의를 수강하는 것도, 프로젝트에 몰두하면서 틈틈이 온라인으로 필요한 지식을 습득하는 것도 가능한 세상이지만 이는 아직 모두에게 주어진 기회는 아니다. 평범한 대부분의 학생들에게는 공교육이 제공하는 배움의 기회가 최선의, 또는 유일한 선택지일 가능성이 높다. 그래서 학교는 여전히 미래의 교육을 그리는 유효한 단위다.

학교를 '배움을 목적으로 하는 사람들이 모여 있는 커뮤니티'로 정의한다면, 학교는 사라지지 않을 것이다. 네모난 건물, 칸칸이 나뉜 교실, 칠판을 바라보고 줄지어 앉는 책상 같은 물리적인 공간, 선생님이 수업을 진행하고 학생들이 한 방향으로 앉아 수업을 '듣는' 것처럼 학교라는 말을 들었을 때 흔히 떠올리는 모습과는 전혀 다른 학교를 상상할 수 있어야 한다.

물론 획일적인 교육이 아니라 개인의 관심사와 속도, 배우는 방식에 맞춘 개인화, 맞춤화 교육이 더 많은 사람들에게 제공되는 미래는 기대할 만하다. 하지만 개인화된 교육을 받는다는 것이 혼자 배운다는 의미는 아니다. 기술의 발달로 연결되고 확장되는 사회에서는 조율과 협업 역량이 더욱 중요해질 것이다. 따라서 협업의 경험은 사회로 나오기 전 반드시 배워야 한다. 각자의 속도로, 각자의 디지털 디바이스 화면을 보며 지식을 익힌다 해도, 동료와 함께 지식을 적용해 문제를 해결하는 경험이 배움을 완성시킬 수 있다.

새롭게 정의되는 학교의 목표는 무엇이 될 것인가? 그 안에서 어떤 사람들이 상호 작용할 것인가? 학생들의 배움과 성장은 어떻게 일어날 것인가? 학교는 어떤 원칙으로 운영될 것인가? 학교의 담장은 얼마나 유연하게 낮춰질 수 있을 것인가? 이 모든 질문이 미래 학교를 상상하기 위한 재료다.

더 많은 선택지를 만드는 일

필자들이 일하고 있는 씨프로그램C-Program은 다음 세대의 성장을 위한 변화에 투자하고 지원하는 벤처 기부venture philanthropy 펀드다. 어린이들을 위한 제3의 공간을 지원하는 플레이 펀드Play Fund, 교육 분야의 새로운 실험을 지원하는 러닝 펀드Learning Fund를 운영하고 있다. 러닝 펀드는 2015년 이후 5년 동안 20여 건의 프로젝트에 투자해 왔다. 고등학생들이 스스로 문제를 정의하고 연구하는 '고등학자 프로젝트', 과학과 생태에 관심이 깊은 청소년들이 젊은 탐험가들과 함께 탐사 프로젝트에 참여하는 '탐험 대학', 관찰을 통해 취향과 디자인의 기본 근육을 키워 가는 '딱 하나만 디자인 학교' 등 새로운 의미의 폭넓은 배움을 시도하는 실험적인 프로젝트를 짧게는 1년부터 길게는 4년에 걸쳐 지원하고 있다.

개별 프로젝트뿐 아니라, 새로운 시도를 하는 사람들의 커뮤니티도 지원해 왔다. '거꾸로 교실'을 실천하는 전국 교사들의 비영리 사단법인 미래 교실 네트워크를 창립 초기부터 지원했다. 새로운 질문을 던지는 탐험가들에게 지원금과 네트워크, 미디어 연계를 통한 스토리텔링의 기회를 제공하는 내셔널 지오그래픽 아시아 재단에도 5년간 후원금을 지원하고 있다. Z세대 청소년을 위해 실험적인 예술, 창작 프로그램을 만들고자 하는 젊은 예술가들이 자신의 작업실을 청소년들에게 열어 주는 캠프 씨Camp C는 학교 밖 젊은 예술 교육자들과 그 커뮤니티를 위한 투자였다.

모든 프로젝트가 각각의 실험을 통해 새로운 가능성을 발견했지만, 러닝 펀드가 가장 큰 기대를 걸고 있는 프로젝트는 거꾸로캠퍼스다. 미래 교실 네트워크의 교사들이 학교를 뛰쳐나와 설립한 이 학교는 학년, 과목 간 경계를 없앤 프로젝트를 통해 배움이 일어나도록 하는 실험 학교다.

14~19세 사이의 학생들은 거꾸로 캠프에 입학해 나이의 구분 없이 모두 함께 배운다. 고교 과정의 교과서와 학습 과정을 받아들이되, 과목별 시수時數'나 진도, 목차에 따라 진행하는 수업은 없다. 교과서에 담긴 지식을 해체해 각자의 관심사를 그린 지식 맵으로 재구성하고, 프로젝트를 수행하는 과정에서 필요한 지식을 연결하여 습득하는 방식이다. 학생들은 각자의 질문과 관심사에 따라 문제를 찾고, 분석하고, 해결해 보는 '사상 최대 수업 프로젝트'를 친구들과 팀을 이루어 진행한다. 학기 대신 2개월 단위 모듈로 구성되는데, 모듈이 끝나는 시점에는 시험 대신 '배움 장터'를 연다. 한 모듈 동안 배운 내용, 고민한 내용, 진행한 프로젝트를 e북, 영상, 전시, 공연 등 다양한 형식으로 갈무리하고 부모님과 교사뿐만

아니라 거꾸로캠퍼스에 관심을 갖고 있는 사람들을 모두 초대해 발표하는 자리다.

메이커 스카우트, 고등학자, 유스 벤처, 딱 하나만 디자인 학교 등의 실험적 프로그램을 기획하고 이끌어 가는 교육자들은 다양한 전문성을 발휘하면서 세심하게 참여한 학생들을 살핀다는 공통점이 있다. 학생들의 목소리를 충분히 듣고, 정해진 결과물을 시간 내에 만드는 대신 시간을 들여 자유롭게 탐색하고 깊이 경험할 수 있는 기회를 제공한다. 배움이란 이래야 하는 것이 아닐까 하는 생각이 드는 의미 있는 프로그램들이었다.

그러나 즐겁게 몰입하며 참여한 학생들은 매주 한 차례의 프로그램이 끝나고 나면 학교로, 입시 학원으로 돌아가야 했다. "너무 좋지만 제가 여기 매일 올 수는 없잖아요"라는 말을 들었을 때, 방학이 끝난 이후의 일상을 생각하며 눈물을 보이는 학생들의 얼굴을 볼 때 가장 미안했다. 학생들은 다가올 미래에는 더 이상 작동하지 않을 것이라고 해도 지금 현재로서는 가장 구체적인, 그래서 역설적으로 가장 선택하기 쉬운 선택지를 일상에서 만나게 될 것이다.

미래 교육의 방향에 동의하는 학생과 학부모라고 해도, 선택은 쉽지 않다. 새로운 교육을 선택하는 일은 당위성이나 가능성만으로 되는 일은 아니다. 미래를 위한 교육이 지금 당장 필요하다고, 아니 사실은 이미 어제부터 필요했다고 외치는 목소리에 귀 기울이다 보면 어느새 다른 한쪽에선 다시 입시 제도에 대한 날 선 논의가 들린다. 이런 현실 속에서 개인과 가정의 의지에 모든 책임을 지울 수는 없다. 교육의 범주 안에서 문제를 해결할 수 있는지, 사회가 먼저 바뀌어야 하는 것은 아닌지 근본적인 질문을 던져야 한다. 이런 질문에 동의한다면 지금 무엇을, 어디에서 시작해야 할지 고민은 더 커진다.

그래서 우리는 다시 학교에 주목해야 한다. 거대한 교육 제도와 하나의 개별 수업 사이 잠깐의 경험이 아닌 지속적인 배움의 커뮤니티로서 선택지가 될 수 있는 곳이자 세밀한 관찰과 실험이 가능한 규모를 갖추고 있는 곳이기 때문이다. 더 많은 학생들이 '나의 학교'로 여길 수 있고, 미래에 대한 준비를 하면서도 너무 큰 불안을 떠안지는 않아도 되는 선택지가 더 많아져야 한다. 거꾸로캠퍼스가 의미 있는 실험이 되려면, 하나의 특수한 예외적 사례가 아니라 많은 미래 학교 중 하나가 되어야 한다. 미래의 배움을 만날 수 있는 학교가 내 주위의 가까운 곳에서도 보인다면, 더 많은 사람들이 구체적인 대화를 할 수 있지 않을까? 거꾸로캠퍼스와 같은 새로운 학교일 수도 있고, 남다른 철학을 가지고 변화해 온 학교일 수도 있다. 공교육 테두리 안에 있는 평범한 일반 학교가 새롭게 정의되어도 좋겠다. 중요한 것은 학교의 목적을, 핵심을 무엇으로 정의하느냐, 어떤 요소로 새로운 학교를 구성하느냐일 것이다.

미래 학교를 상상하기 위한 재료

우리는 이 책에서 변화의 요소Learning Formula와 촉매Catalyst라는 두 개의 틀로 미래 학교에 필요한 재료를 설명하고자 한다. 변화의 요소가 배움과 성장이 일어나는 구체적인 원칙이라면, 촉매는 그 배움의 방식이 지속적으로 작동할 수 있도록 하는 (학교) 운영의 방식이다. 미래 교육의 방향성에 부합하는 방법을 찾아가고 있는 국내외 학교의 사례들에서 발견한 공통분모이기도 하다.

학교는 담장 안에 외따로 존재하지 않을 것이다. 학생들은 앉아서 듣는 사람이 아닌, 적극적으로 결정하고 찾고 해결하고 만드는 존재가 될 것이다. 교사는 지식을 가르치는 사람에서 배움을 돕는 사람, 학생들의 성장을 돕는 사람으로 변화할 것이다. 사회의 다양한 전문가들은 배움의 과정 곳곳에, 적시에 연결되어 학생들의 배움을 도울 것이다. 이러한 배움을 통해, 학생은 정해진 트랙을 따라 달리는 대신 길을 만드는 법을 배우도록 격려받게 될 것이다. 그리고 이 모든 것은 학교의 담장 안팎에서 일어날 것이다. 학교는 물리적 담장이 아닌 커뮤니티의 존재로 규정될 것이기 때문이다.

　　변화는 이미 시작되었다. 그리고 우리에게는 더 많은
변화가 필요하다.

1

공간 × 교육 ;
학교는 달라졌지만 교육은
달라지지 않았다

프로젝트 수업이 답일까

앞으로 어떤 학교를 만들어야 할지를 묻는다면, 가장 적합한 답변은 '학교를 만들지 않겠다'일지도 모른다. 학교가 없어져야 한다는 이야기가 아니다. 현재와 같은 형태의 학교 건물은 더 이상 필요하지 않을 것이라는 의미다. 수십 년간 똑같은 모습으로, 같은 위치에 있는, 누구나 교정에 들어서는 순간 학교라고 느껴지는 그런 공간은 사라질 것이다.

학교는 모든 사람이 동등하게 교육받을 수 있는 권리를 보장하는 보편적 교육권과 더불어 확산되었다. 일정 규모의 인구가 모여 있는 지역마다 학교가 세워지고, 캠퍼스의 표준이 생겨난 이유다. 칠판을 향해 늘어선 책걸상, 똑같은 모양과 크기의 교실이 늘어선 복도, 비슷하게 생긴 여러 개의 건물이 둘러싸고 있는 운동장이 대표적이다. 이는 많은 학생이 많은 양의 지식을 한꺼번에 전달받는 방식의 수업에 적합한 형태다. 학교는 가르치는 효율과 배우는 평등을 위한 기관이자 건축물이었다. 그리고 여전히 최대한 많은 사람에게 최대한 많은 것을 가르치는 일에 최적화되어 있다.

그러나 학교에서는 이미 변화가 일어나고 있다. 2018년 OECD 교육 지표에 따르면, 현재 한국의 학급 규모는 30명이 채 되지 않는다.[2] 지난 10년간 학교의 수는 지속적으로 증가했지만, 학생의 수는 급격히 감소하고 있다.[3] 전국의 학생 수를 30명 단위로 나눠 학교별 학급 수를 추산해 보면, 고등학교(8개), 중학교(5개), 초등학교(3개) 순으로 줄어든다는 사실을 알 수 있다. 한 사람의 교사가 가르쳐야 하는 학생의 수도 줄고 있다. 교육의 초점이 효율보다 효과로 옮겨 간 결과다. 대부분의 학교에서 교사 1인당 학생 수가 25명을 넘지 않는다. 이런 추세가 지속되면, 학교는 기존의 거대한 규모를 유지할 필요가 없다.

학급의 규모만큼 중요한 것이 학습의 방법이다. 효율보다 효과에 초점을 맞추는 수업을 위해서는 경험을 기반으로 하는 실천적 학습이 필요하다. 실천적 학습은 교사가 세상의 원리와 현상을 국어, 수학, 사회, 과학 같은 교과목 단위로 분절하지 않고 수업을 하는 것에서 시작된다. 여기서 교사는 학습 주제와 학생의 경험을 큐레이션하는 역할을 한다. 주제는 학생이 일상적으로 접할 수 있는 것으로, 경험은 목격하는 것 이상의 활동으로 설계해야 한다. 학생이 자신과 배우는 것 사이의 관련성을 인지할 때 학습에 더욱 몰입하게 되고, 경험의 밀도가 높을수록 배움의 효과가 높아지기 때문이다.

이러한 관점에서 교과 구분 없는 주제 중심의 프로젝트형 수업이 늘어나고 있다. 프로젝트형 수업은 학생이 프로젝트를 경험한 횟수나 교사의 재량에 따라 다양하지만, 대부분 문제 해결을 기본 과제로 삼는다. 누구에게 어떤 문제가 있는

지 이해하고 문제의 근본적인 원인을 찾아 해결책을 만들고 적용해 보는 과정을 통해 공감력, 분석력, 실행력 등의 역량을 키워 내고자 하는 것이다. 이 과정에서 학생은 직접 프로젝트를 계획하고 진행하는 프로젝트 매니저의 역할을 맡게 된다. 학생의 주도성을 키우고, 프로젝트의 실현 가능성을 높이기 위해 거대한 문제보다는 주변의 작은 문제에 집중한다. 문제는 어느 지역의 몇 학년 학생이든 거의 비슷한 문제를 떠올린다는 점이다. 어디나 비슷한 학교 공간에서 대부분의 시간을 보내는 학생들이 일상에서 마주하는 문제는 신호등이 없어 위험한 학교 앞 건널목 수준을 벗어나기 어렵다.

홍미로운 경영학 서적을 펴내고 있는 마케팅 전문가 세스 고딘Seth Godin은 미래 사회의 경쟁력이 "홍미로운 문제를 푸는 것solve interesting problems"에 달려 있다고 말한다. 그가 말하는 홍미로운 문제란 아무나 쉽게 떠올릴 수 없고, 기술만 가지고는 해결할 수 없는 문제다. 문제를 바라보는 시각부터 해결책을 탐구하는 방법까지 차별화된 상상력이 필요하다. 이와 마찬가지로, 강의가 프로젝트로 바뀌는 것만으로는 홍미로운 문제를 다룰 기회를 기대할 수 없다. 다양한 환경을 경험하면서 차이를 인식하고 당연하게 여기던 것에도 호기심을 품을 때, 비로소 홍미로운 문제를 찾을 수 있다. 모두가 똑같이 생긴 학교라는 공간에 머물러 있다면 불가능한 일이다. 비슷한 문제를 찾고, 비슷한 해결책을 떠올리는 환경에서 프로젝트형 수업은 국어, 수학과 다를 바 없는 또 하나의 교과목이 될 뿐이다. 프로젝트 자체보다 중요한 것은 배움이 일어나는 환경이다. 프로젝트만으로는 달라지지 않는다.

도시가 학교다

학생이 무엇을 어떻게 배울 것인가? 이 문제만 고려한다면 어느 곳이든 배움의 공간이 될 수 있다. 더 나아가 학교 담장 안에서만 이뤄지는 수업을 비상식적인 것으로 여기게 될 수도 있다. 실제로 배움에 초점을 맞춘 새로운 학교들은 프로젝트에 의해, 프로젝트를 위해 이동하는 방식을 취한다. 이런 학교들의 공통된 특성은 캠퍼스가 없다는 것이다. 소유하고 관리하는 건물이나 공간이 없는 이들 학교는 프로젝트가 될 만한 흥미로운 사회적 맥락이 있거나, 원하는 주제와 가장 밀접한 관련이 있는 지역으로 이동하며 수업을 진행한다. 또 다른 특성은 한 명의 교육자(인솔자)가 담당하는 학생의 수를 10~15명으로 제한한다는 것이다. 따라서 물리적 이동에 어려움이 없고, 교육자가 학생에게 쏟는 적정량의 시간을 확보할 수 있어 학습 효과도 높일 수 있다. 일반 학교의 교사 1인당 학생 수가 15명 수준이라는 현실을 감안하면, 아주 특별한 조건은 아니다.

일명 '하버드보다 입학하기 힘든 학교'라 불리는 미국의 미네르바 스쿨이 대표적인 예다. 미네르바 스쿨에 입학한 학생들은 1년 동안 미국 샌프란시스코에서 배우고, 한국 서울, 인도 하이데라바드, 독일 베를린 등 7개 도시를 이동하며 4년의 대학 생활을 보낸다. 각 도시의 기숙사만 배정되어 있을 뿐이고, 강의는 100퍼센트 온라인으로 진행된다. 인터넷이 되는 곳이라면 어디든 교실이 될 수 있다. 별도의 학교 건물을 짓고 캠퍼스를 운영하거나 물리적으로 교수진을 초빙할 필요가 없어 학비는 일반 미국 사립대의 3분의 2 수준으로 낮다. 한 지역에 머무는 동안 각 도시의 독특한 사회적 맥락을 경험하고, 해당 도시의 기업과 협업하는 프로젝트에 많은 시간을 투입한다. 일반 대학교에서 학생이 강의를 듣고 교과서를 읽으며 사회학, 마케팅, 사용자 중심 디자인과 같은 지식을 배울 때, 미네르바 스쿨 학생들은 기업이나 기관, 지역 사회와의 교류를 통해 실제 사회를 경험한다.

기업과의 협업은 도시의 인프라를 가장 잘 활용할 수 있는 방법이다. 비즈니스는 지역 사회의 문화와 필요를 반영한 결과다. 무엇보다 실질적인 영향력이 있다. 2018년, 9명의 미네르바 스쿨 학생이 서울에서 카카오 실무진과 애플리케이션을 설계했다. 이는 2019년 5월에 오픈한 '카카오 프로젝트 100'의 밑그림이 된 프로젝트다. 프로젝트 100은 '개인의 사소한 행동이 습관으로 이어져 사회에 긍정적인 변화를 만든다'는 비전의 참여형 커뮤니티 플랫폼으로, 이용자가 선택한 미션을 100일 동안 매일 실천하도록 돕는 것이 핵심이다.[4] 미네르바 스쿨 학생들은 이용자의 목표 달성을 독려하기 위해 게임형 보상 체계를 접목한 와이어 프레임(앱의 레이아웃 및 뼈대)을 디자인했다. 카카오는 새 앱을 출시할 때 이 디자인을 반영할 계획이라고 밝혔다.[5]

미네르바 스쿨은 2퍼센트의 합격률을 기록할 정도로 지원자가 몰리는 학교다. 지원한 학생들이 실제 업무 경험을 쌓아서 사회에 진출할 준비를 해야겠다고 생각하는 것만은 아닐 것이다. 이들은 더 이상 앉아서 듣는 수업만으로는 필요한 경험을 얻을 수 없다고 판단한 것이다.

배움의 경험을 최적화하기 위해 이동하는 사례는 고등학교에서도 찾아볼 수 있다. '세상에 대한 지적 탐구를 통해 의미 있는 변화를 만드는 개인을 기른다'는 미션으로 설립된 국제 학교 싱크 글로벌 스쿨Think Global School은 3년간 12개의 나라를 이동하며 고등학교 교육 과정을 이수한다. 특정 국가의 대학 진학을 목표로 공부하는 특정 국적 학생들의 학교가 아니라, 누구나 배울 수 있는 학교를 목표로 삼는다. 2019년 1월 일본 히로시마에서 만난 싱크 글로벌 스쿨 학생 30명은 27개의 국적으로 구성되어 있었다. 2019년 현재 30명씩 2개의 코호트cohort, 총 60명의 학생이 재학 중이다. 이 학교에서 코호트는 나이, 국적, 성별에 관계없이 입학 시점을 기준으로 3년간 함께 12개 도시를 이동하게 되는 그룹을 말한다.

생활하는 도시는 4개의 대도시, 4개의 중소 도시, 4개의 지방 도시로 구성한다. 도시의 규모나 지리적 위치에 따라 실제 생활에서 느껴지는 일상의 밀도나 속도감의 차이를 경험할 수 있기 때문이다. 국가의 수도나 유명 도시만을 선택하지 않는 이유도 마찬가지다. 일본을 예로 들면, 도쿄가 아닌 히로시마에서 학기를 보내면서 원자력 발전의 역사와 원자력의 영향을 배우고, 폐허가 되었던 도시가 복구되기까지 겪은 변화를 접한다.

모든 커리큘럼은 프로젝트 형태로 운영되기 때문에 주제로 선정할 만한 역사나 문화의 차별성, 주제와 관련성이 높은 조직이나 기업과의 연결 가능성을 기준으로 12개의 도시를 선정한다. 예를 들면, 보스니아 헤르체고비나에서는 소액 금융 대출이 빈곤 문제와 창업에 미치는 영향을 파악하는 프로젝트를 진행한다. 보츠와나에서는 모레미Moremi 야생 보호 구역에서 야생 동물의 행태를 관찰하고, 이를 바탕으로 동화를 만드는 것이 문학 수업의 커리큘럼이다. 이탈리아에서는 오성운동 당원들이 주최하는 타운홀 미팅에 참석하여 현실 정치의 풍토를 읽고, 선택한 사회 이슈에 대한 정치 캠페인을 기획해 시민들 앞에서 찬반 토론을 하는 것을 과제로 삼는다. 스페인 빌바오에서는 구겐하임 박물관의 상설 전시와 기획 전시를 구분하는 기준을 설명하는 것이 최종 평가 내용이다.

싱크 글로벌 스쿨은 주제를 선정하고 조사해 아이디어를 도출하고 결과물을 내는 프로젝트 과정을 진행하는 것 자체로 새로운 배움을 기대하지 않는다. 수업의 목표는 프로젝트가 아니라 프로젝트 방식을 통해 배움에 최적화된 환경을 찾고, 주어진 환경에서 활용 가능한 자원을 파악함으로써 학생의 몰입도를 높이고, 결과적으로 학습 효과를 높이는 것이다.

학생이 배움에 몰입하면 주체성을 갖추게 된다. 흥미를 느낄수록 배우고자 하는 욕구가 늘고, 스스로 주도하는 능력을 키울 수 있다.[6] 싱크 글로벌 스쿨의 수업을 참관하면서 목격한 것은 배움에 대한 학생들의 주체적인 태도였다. 각 도시의 환경을 기반으로 커리큘럼 주제를 선정하고 학생에게 도움이 될 만한 네트워크를 확보하는 것은 교사의 역할이지만, 깊게 탐구하고 싶은 질문driving question을 설정하고 프로젝트를 추진하는 것은 학생의 몫이다. 개인의 역량과 배움의 속도에 따라 프로젝트의 가짓수를 설정하는 것이다. 히로시마를 방문했을 때 만난 학생들은 직접 주도한 프로젝트를 소개했다. 인도 뭄바이의 이커머스e-commerce를 주제로, 주변 소도시에 거주하는 장인들이 지역 시장에서만 판매해 오던 공예품을 온라인으로 판매할 수 있도록 웹사이트를 구축한 프로젝트였다. 7주 동안 시장 조사와 인터뷰를 통해 실제 구매가 가능한 결제 시스템까지 구현한 점도 놀라웠지만, 더욱 인상적인 것은 웹사이트 개발 과정에서 파생된 프로젝트다. 학생들은 인터뷰를 통해 소도시에서 공예품을 만드는 장인 대부분이 여성이며, 이들은 평생 단 한 번도 나고 자란 마을을 떠나 본 적이 없다는 것을 알게 되었다. 인도는 도심에서 멀리 떨어진 지역의 경우 남성이 동행하지 않으면 여성의 활동 반경이 제한되기 때문이다. 이러한 발견은 처음 마을을 떠나 대도시를 경험한 여성의 이야기를 담는 여성 임파워먼트empowerment 프로젝트로 이어졌다. 프로젝트에 참여한 학생들은 개념적인 양성평등에서 한 단계 나아가 문화에 따른 페미니즘의 역할을 주제로 짧은 다큐멘터리를 제작하고 유튜브를 통해 공개했다. 학생들이 자발적으로 진행하는 프로젝트는 학기 초에 설정된 수업 목표와 정확히 부합하지 않더라도, 내용에 따라 학점을 부여받고 졸업에 필요한 이수 과목 대상이 된다. 학교가 일방적으로 배움의 영역을 정하거나 제한할 수 없다는 철학에 따른 것이다.

국내에서는 거꾸로캠퍼스가 학습의 주제나 방식에 따라 환경을 바꾸는 대표적인 학교다. 거꾸로캠퍼스는 '21세기 인재 양성을 위한 최적의 교육 실현'을 목표로 '다음 세대가 개인으로서 자존감을 지키며 행복한 삶을 살아감과 동시에 사회 구성원으로서 공동체의 지속 가능한 이익과 번영에 기여할 수 있는 능력을 길러내기' 위해 2017년 3월 설립되었다. 전통적 수업과는 달리 학생이 영상이나 유인물 등 강의 재료로 미리 내용을 학습한 뒤 수업 시간 동안에는 토론을 통해 학습 내용을 점검하는 수업 방식 '거꾸로 교실'에서 학교의 이름을 따왔다. 거꾸로 교실은 학생의 적극성과 참여도를 높이기 위한 하나의 방법으로 개발되었으나, 현재는 수업 전반에서 교사가 학생에게 주도성을 부여하는 방식을 일컫는다.

거꾸로캠퍼스는 개교 시점부터 3년간 씨프로그램 러닝펀드가 투자해 온 학교다. 교과 내용보다 배우는 방법의 학습을 우선시하고, 표준화된 시험과 경쟁을 소통과 협력 중심의 동료 학습으로 대체한다. 14~19세의 학생이 학년 구분 없이 개인의 학습 속도에 따라 원하는 키워드나 관심 분야를 주제로 교과를 포함한 각종 지식을 배우고, 배운 내용을 프로젝트를 통해 즉각적으로 적용한다는 점에서 일반 학교와는 다르다.

거꾸로캠퍼스는 거꾸로 교실의 수업 방식을 적용해 배울 수 있는 환경이라면 어디든 학교가 될 수 있다고 보고, 우리가 생활하는 도시 전체를 배움의 터, 즉 캠퍼스로 삼는다.

학생과 교사가 매일 정해진 시간에 모여 수업을 하고 원하는 만큼 시간을 보내는 고정 공간(혜화 랩)은 있지만, 일반 학교처럼 칸칸이 나뉜 학급별 교실의 경계나 담으로 둘러싸인 학교라는 영역은 따로 없다. 혜화 랩이 위치한 서울시 종로구 혜화동의 건물 1, 2층은 누구나 드나들 수 있는 카페와 편의점이 있는 일반 상업 시설이다. 혜화 랩은 3층의 공간을 씨프로그램이 운영하는 온더레코드와 나눠 쓴다. 혜화 랩과 온더레코드는 엄연히 분리된 공간이지만, 거꾸로캠퍼스 학생들에게는 모두가 학교 시설이나 다름없다. 프로젝트를 진행하면서 온더레코드에서 제공하는 프로그램이나 콘텐츠를 활용하는 것은 물론이고, 거꾸로캠퍼스 교사나 학생이 아닌 다른 사람의 피드백이 필요할 때 망설임 없이 온더레코드 공간을 찾는다. 5층의 공용 라운지는 4층의 공유 오피스 입주사와 함께 사용하기 때문에 학생과 입주사 관계자들이 교류하며 서로의 프로젝트에 도움을 받기도 한다. 학생들은 학교에서 건축, 금융, 농업, 뉴스, 디자인, 영상, 정책 등 다양한 분야의 종사자를 언제든 만날 수 있다.

1년의 학사 일정을 학기제가 아닌 10주 단위의 4개 모듈로 나누어 운영하는데, 각 모듈은 혜화 랩과 알파 랩으로 구성된다. 혜화 랩은 모든 학생이 첫 학기부터 기본 역량 교육을 이수했다고 판단하는 시점까지 배우는 곳이다. 학생이 선정하는 주제를 중심으로 운영하는 교과 수업과 프로젝트가 주된 프로그램이다. 알파 랩은 10~15명의 학생이 분야별로 특화된 환경에서 교과 학습 이상의 전문적 스킬을 익히는 모듈이다. 혜화 랩이 베이스캠프라면 알파 랩은 고급 과정이라고 할 수 있다. 알파 랩에서는 학생 스스로 개인의 관심사를 분명하게 파악하고, 진학이나 진로의 방향에 확신을 가질 수 있는 수준의 본격적인 학습 경험을 제공하고자 한다. 사회의 변화 흐름이나 교육의 트렌드를 반영할 수 있는 분야를 주제로 선정하는 이유다. 기업 실무자나 대학 교수진과의 파트너십을 통해 전문가 그룹(파트너)이 모듈 단위의 수업을 직접 진행하고, 모든 수업은 파트너가 일하는 공간에서 진행된다. 교사는 학습의 퍼실리테이터이자 파트너의 조력자로서 역할을 수행한다.

해당 분야의 전문성을 가진 파트너가 직접 수업을 진행하고, 모든 수업은 파트너가 일하는 공간에서 진행한다는 조건을 고수하는 이유는 분명하다. 배움 자체의 질을 높일 수 있기 때문이다. 일반적으로 전문가를 학교에 초빙할 경우, 일회성 행사나 부수적인 프로그램에 그치거나, 일방적인 강의식 수업이 될 가능성이 크다. 전문가 입장에서는 물리적으로 이동해야 한다는 부담과 더불어, 실제 현장에서 일어나는 일을 글과 이미지로만 설명해야 하는 제약이 있기 때문이다.

물론 교실에서 강의실, 사무실로 이동하는 것만으로는 크게 달라지지 않는다. 배움의 환경을 바꾼 것만큼, 배움이 일어나는 영역을 넓히려는 노력이 필요하다. 현재 거꾸로캠퍼스는 분야별 파트너십을 통해 데이터 사이언스(D랩), 메이킹(M랩), 시각화visualization(V랩), 임팩트 비즈니스(I랩) 분야의 4개 알파 랩을 운영 중이다. 각각의 알파 랩은 고객 관계 관리CRM 전문 컨설팅 회사 사무실(디앤아이), 청소년과 성인 대상 스템STEM(과학, 기술, 공학, 수학) 교육 프로그램을 운영하는 메이커 스페이스(캠퍼스D), 그래픽 디자이너 안상수가 설립한 디자인 대학교(파주 타이포그라피 학교), 사회 문제를 혁신적으로 해결하는 체인지 메이커를 지원하는 루트 임팩트가 운영하는 코워킹 스페이스(헤이그라운드)에서 열린다.

예컨대, 파주 타이포그라피 학교에서는 디자인 전공 대학생들의 스튜디오와 맞닿은 공간에서 배울 수 있다. 경기도 파주의 출판 도시라는 지역적 조건을 활용해 책이라는 매개를 활용해 시각화라는 주제를 탐구할 수도 있다. 캠퍼스D에서는 메이커 스페이스를 이용하는 작업자들과 교류한다. 다양한 장르의 메이커가 밀집한 영등포 지역에서 프로페셔널 메이커들을 만날 기회도 있다. 이처럼 배움의 영역을 확장하는 과정에서 학생들은 각자에게 필요한 동료와 교사를 동시에 얻는다. 실존하는 문제를 해결하고 아이디어를 실현시키는 과정에서 필요한 것은 시험 족보나 암기 방법이 아니라, 나에게 필요한 기술과 경험을 가진 사람과의 협업이기 때문이다.

학생들이 알파 랩을 통해 해당 분야의 전문성을 확보하기를 기대하는 것은 아니다. 학생들은 미처 생각해 보지 않았던 분야를 경험하면서 선택지를 넓히게 된다. 실제로 디자인을 전혀 염두에 두지 않았던 학생이 V랩을 경험하고 디자인과에 지원하거나, 마케팅을 경영으로만 여겼던 학생들이 D랩을 통해 데이터 기반의 마케팅에 흥미를 갖는다. 더 많은 학생들은 막연하게 꿈꿨던 분야에 생각한 만큼 흥미를 느끼지 못해 다시 처음부터 진로를 고민하기 시작한다. 알파 랩은 학교 밖에서 개인적으로 고민해야 하거나, 학교 안에서 고민을 해결하지 못하고 졸업하는 학생들에게 폭넓은 시야를 제공한다.

교실 프로젝트에서 현장 프로젝트로

어떤 환경에서 프로젝트를 진행하느냐는 러닝 펀드의 투자 과정에서도 중요한 심사 기준이다. 실제로 러닝 펀드가 투자한 청소년 주도 프로젝트 프로그램 10건 중 8건이 학교 밖의 환경에서 이루어진다. 학습에 최적화된 환경에서 경험해야 효과적으로 배울 수 있다는 판단에서다.

2019년 6월《동아사이언스》가 과학자들과 함께 시작한 탐험대학은 12~19세의 청소년 30명이 로봇·생태·우주 분야의 멘토와 함께 자신만의 탐험 프로젝트를 진행하는 프로그램이다. 학생들이 '맨땅에 헤딩'하며 독학했던 내용을 프로젝트로 만들기 전에 멘토와 짧게는 하루, 길게는 사흘 동안 시간을 보내면서 필요한 도움을 파악한다. 이 기간의 활동은 멘토의 실험실과 작업실에서 이루어진다. '우주로 가기 위해 어떤 로켓이 필요할까'라는 주제라면, 격납고에 모여 실제 로켓을 보고 살피며 비행에 적합한 원뿔을 디자인하고 엔진 실험을 통해 발사해 보는 과정을 거친다. 이때 떠오르는 질문이나 반복적으로 겪는 실패 또는 작은 성공의 경험이 프로젝트의 주제가 된다.

　　로켓에 흥미를 갖고 직접 만들고 발사하는 과정을 반복하면서 항공우주공학자의 길을 택하거나, 혹은 꿈을 접는 사람이 얼마나 될까? 탐험대학의 청소년들은 '유체로부터 저항을 가장 적게 받는 동체의 모양은 유선형'이라는 상식을 암기가 아닌 실험을 통해 배운다. 참여자 중 일부는 로켓과 관련된 지식을 탐구하는 과정에서 배우는 태양계의 움직임이나 달 탐사 등 새로운 분야에 관심을 갖고 전혀 다른 프로젝트를 진행하기도 한다.

　　학교는 대부분의 학생에게 주어진 유일한 환경이다. 학

생과 교사가 팀이 되어 특정 학교 공간을 직접 기획하고 만드는 '배움의 공간' 프로젝트를 학교 밖에서 진행한 이유다. 학교에 필요한 공간을 연구하는 데 집중하기 위해서는 외부의 공간을 경험해야 한다고 판단한 것이다. 의심이나 질문을 떠올릴 여지가 없었던 학교 이외의 모습을 상상할 수 있어야 했다. 오리엔테이션과 워크숍은 신사동 가로수길의 디자인 컨설팅 회사의 아이디에이션ideation 룸에서 진행했다. 네 면이 통유리로 이루어진 벽, 어떤 형태로든 정렬이 가능한 가변형 책걸상, 곡선의 계단형 벤치에 도톰한 쿠션이 놓인 코너, 뉴스·인테리어·연예·패션 등 다양한 분야의 잡지가 빼곡한 서가를 갖춘 공간이었다. 이밖에 신사동, 이태원, 홍대 입구 등의 카페, 서점, 음식점, 갤러리 등을 방문하고 '사람들이 모여서 무언가를 배우고, 하루 중 가장 많은 시간을 보내는 공간은 어떤 모습이어야 할까'라는 질문에 대한 해답을 고민했다. 그리고 공유, 소통, 협력, 가변형, 휴식, 편안함, 아늑함 등의 키워드를 도출할 수 있었다.

학교는 학교를 떠나야 한다

몇 년 전 미국 워싱턴 D.C.로 떠난 출장에서 가장 인상적이었던 것은 모든 박물관, 과학관, 갤러리에 별도로 마련된 학교 수업용 공간for schools only이었다. 프로그램을 살펴보니 별도의 방과 후 프로그램이 아니라 학사 일정에 포함된 커리큘럼 일부를 교사와 학예사가 함께 디자인하고 가르치는 과정이었다. 성인의 입장을 제한하는 청소년 전용teens-only 공간도 많았다. 대부분 별다른 제약 없이 재료를 가지고 무언가를 만들거나 실험할 수 있는 공간이었다. 워싱턴 D.C.가 미국의 정치뿐 아니라 문화의 중심지로도 꼽히는 이유는 빼곡하게 들어선 박물관 때문이다. 뉴스, 역사, 자연사, 과학, 우주, 항공, 건축 등 다양한 분야의 대규모 박물관을 한 학기 동안 수업 공간으로 쓸 수 있다는 것만으로도 전혀 다른 배움을 상상할 수 있었다.

모두가 세계를 여행하는 학교를 다닐 수는 없다. 모든 학생이 학교 대신 박물관에서, 사무실에서, 스튜디오에서 수업을 받을 수는 없을 것이다. 그럼에도 불구하고 학교는 학교를 떠나야 한다. 학교 안에 갇힌 학생은 배우는 콘텐츠나 방식과 무관하게 절대로 변하지 않는 환경에서 매시간 새로운 지식을 습득하기를 강요받는다. 최대한 많은 정보를 가장 효율적으로 전달하기 위해 학교는 외부 요소를 차단하는 데 집중하고, 학생은 어떠한 자극도 없이 개인기에 의존해야 한다. 하지만 담장 안에만 존재하는 학교는 더 이상 다음 세대에게 필요한 교육을 제공할 수 없다. 다음 세대에게, 지금 우리에게 필요한 배움의 환경은 학교 담장 밖에 있다.

"몰입은 환경에서 나온다."; 제이미 스텍아트 싱크 글로벌 스쿨 대표

제이미 스텍아트Jamie Steckart 대표는 싱크 글로벌 스쿨에 합류하기 전까지 20여 년간 학생들과 함께 학교 밖 환경에서 프로젝트 기반 학습을 실행해 왔다. 앞으로 다음 세대를 위한 학습 환경이 늘어나는 것을 목표로 싱크 글로벌 스쿨을 운영하고 있다.

<u>싱크 글로벌 스쿨에 합류한 이유가 무엇인가? 여행이 매력적이어서였나?</u>

싱크 글로벌 스쿨을 처음 접하는 사람들은 여행이라는 키워드만 기억하는 경우가 많다. 여행이 매력적인 것도 사실이다. 하지만 예전부터 교실 밖에 교육을 위한 자원이 더 많다고 생각했다. 예를 들면 일반적인 학교에서는 세대 간 소통의 어려움이라는 사회 문제를 주제로 프로젝트를 진행할 때도 교실에 있어야 한다. 오전 10시만 되면 학교 부근 장터에 노인들이 나와 한참 시간을 보내는데도 불구하고 학생들은 그 장면을 목격할 기회조차 없다. 같은 시간에 학생들이 학교가 아니라 노인들이 많은 곳에서 시간을 보낸다면 자연스럽게 소통할 기회를 얻고, 소통할 방법을 찾지 않겠나. 우리가 실제로

가르치고 배우고자 하는 것들은 이미 도시 생활 속에서 일어나고 있다. 교사가 된 후에 아이들을 학교 밖으로 끌어내는 데 가장 많은 시간을 썼다. 싱크 글로벌 스쿨은 서로 다른 도시가 가진 교육적 자원을 파악하고 활용하는 방식으로 학교를 운영한다는 점에서 합류해야겠다는 확신이 들었다.

싱크 글로벌 스쿨 이전에도 프로젝트 형태의 커리큘럼을 실행해 왔다.

실제 사회에서 개인이 해결해야 하는 모든 과제가 프로젝트의 성격을 띤다고 생각한다. 직장에서 주어지는 업무뿐만 아니라 부엌 싱크대 배관을 고쳐야 한다거나 결혼식을 준비해야 한다거나, 모든 상황이 새로운 아이디어, 나 아닌 다른 사람과의 협력을 필요로 한다. 프로젝트 기반 학습은 주어진 환경이나 상황에서 문제를 해결하거나, 궁금증을 해소하거나, 아이디어를 실현시키는 과정을 학생이 직접 설계하고 주도할 수 있다는 점에서 효과적이다.

학생이 처음부터 모든 것을 직접 하는 것만으로 주도성을 기를 수 있을까?

주도성도 훈련이 필요한 태도다. 학생 스스로 배우는 경험과 배움을 위한 최적의 세팅을 제공하는 학교의 밸런스가 필요하다. 무엇이든 직접 기획하고 수행하려면 어느 정도의 숙련도가 필요하기 때문이다. 학교는 학생이 낯선 것에 익숙해지기까지 최소한의 가이드를 제공할 수 있어야 한다. 예컨대 재즈를 좋아한다고 해서 누구나 재즈 연주자가 될 수는 없다. 악기를 연주하려면 기본적으로 악보를 읽고 건반을 칠 수 있는 기본기는 있어야 한다. 재즈가 좋다는 호기심이나 관심만 가지고 무엇이든 해보라고 내버려 두면, 언젠가는 악보 읽는 법도 배우고 악기를 연주하게 될 수도 있겠지만 정말 오랜 시간이 걸릴 거다. 악보를 그려 주거나 어떤 감성으로 연주해야 하는지를 통제해야 한다는 것이 아니다. 충분히 즐길 수 있을 만한 기본기의 문턱을 넘게 해주는 것이 필요한 역할이라고 생각한다.

싱크 글로벌 스쿨에서 추구하는 교육 철학을 실현하기 위해서는 여행이 필수적인가?

일상적으로 다양한 경험을 하거나 개인적인 활동에 별다른 제약이 없는 성인들도 여행을 통해서 배우는 게 가장 많을 거다. 상대적으로 기회가 많지 않은 청소년에게는 더 특별한 순간이 될 수밖에 없다. 결국 배움은 어떤 점수를 받고 어떤 대학에 들어갔느냐보다 인생의 어느 시점에든 돌아보게 되는 기억으로 만들어진다고 생각한다. 싱크 글로벌 스쿨은 오랫동안 기억에 남는 의미 있는 배움을 목적으로 여행이라는 특별한 장치를 쓸 뿐이다. 이는 물론 학교 설립자이자 싱크 글로벌 스쿨 재단 이사장인 조앤 맥파이크Joann McPike가 본인이 자녀를 키우면서 확인했기 때문에 가능한 일이다. 처음부터 교육에 대한 비전이 확고했고, 비전을 가장 효과적으로 실현시킬 수 있는 방법으로 여행을 발견한 것이다.

특별한 환경이나 장소 기반의 교육을 실현하기 위해 싱크 글로벌 스쿨을 찾는 사람도 많을 것 같다.

학교의 혁신적인 변화를 꿈꾸는 사람들을 많이 만난다. 그때마다 반드시 하는 일은 여행에 대한 오해를 해소하는 작업이다. 모든 학교가 여행을 할 수도 없고, 할 필요도 없다. 핵심은 학교가 자체적으로 완벽한 세계를 구축해야 한다는 생각을 버리고, 이미 사회에 퍼져 있는 교육적 자원을 활용하겠다는 태도를 갖추는 일이다. 요즘은 인터넷과 스마트폰만 있으면 어디든 학교가 될 수 있지 않나. 싱크 글로벌 스쿨도 경험의 다양성을 목적으로 여행하는 것이지, 교육에 가장 적합한 도시를 찾아다니는 것이 아니다. 앞서 말한 것처럼 당장 교문만 벗어나더라도 전혀 다른 배움이 가능하다.

> 모든 배움이 학교 밖에서 이루어진다면 교사와 학생의 관계도 달라져야 할 텐데.

교사는 더 이상 일방적으로 지식을 전달하는 사람이 아니다. 학생들의 물음에 정답을 제공할 수도 없고, 그럴 필요도 없다. 단, 학생이 새로운 콘셉트를 이해하고 계속해서 배우고자 하는 동기를 유지할 수 있도록 만들어야 한다. 그렇기 때문에 배움의 대상이나 수단이라고 여겨지지 않았던 수많은 교육적 자원을 찾고 연결하는 것이 교사의 새로운 역할이다. 학교라는 공간적 제약이 사라지는 대신 학생들의 안전에 대한 책임도 늘어난다. 교사 스스로 낯설게 느낄 법한 환경에서 보다 빨리 적응하는 능력과 예측할 수 없는 돌발 상황에 대처하기 위한 유연성이 중요하다.

> 교사도 학생과 함께 성장할 것 같다.

싱크 글로벌 스쿨에서 학생의 성장만큼이나 중요하게 생각하는 것이 교사의 성장이다. 교사도 학생과 마찬가지로 새로운 상황에 필요한 모든 역량을 갖추고 시작할 수는 없기 때문이다. 교사가 이미 가지고 있는 성향이나 기량에 따라 전문성 신장professional development을 위한 방안을 설계하고, 언제까지 어떤 역량을 확보할 것인가에 대해 구체적인 대화를 나눈다.

앞으로 다음 세대에게 필요한 학교를 새롭게 정의하는 방법은 무엇일까?

학교는 다양한 운영 인력의 편의에 따라 만들어졌다. 특정한 교과를 담당하는 교사의 출강 날짜, 셔틀버스를 운전하는 기사의 근로 시간, 급식 조리사의 교대 일정 등에 따라 학사 일정이 결정된다. 이런 제약을 걷어 내고 오로지 배움에 집중한다면 학교의 정의는 완전히 달라질 수 있다. 예를 들면 지역 주민들이 활발히 활동하는 오전 시간에는 지역 사회에서 시간을 보내고, 해가 진 후에 학교 건물에서 강의식 수업을 듣는 교과 과정도 가능하다. 학교가 반드시 갖추거나 제공해야만 한다고 여겼던 건물이나 서비스 이전에 학생이 무엇을 어떻게 얼마만큼 배워야 하는가를 고민하는 것에서 시작할 수 있다. 우리가 찾은 방법은 기존의 학교보다 교육적 자원이 더 많은 곳을 학교로 삼는 것이었다.

2

수업 × 교육 ;
배우는 법을 배우는 수업

수업을 뛰어넘는 배움을 위하여

기초 과학 분야의 젊은 연구자들이 청소년들과 만나는 정기 강좌 〈지구를 위한 과학〉에서 자신을 '새 덕후'로 소개하는 고등학생을 만났다. 그는 점심시간마다 학교 뒷산에서 새를 관찰한다. 야외 활동이 어려울 때는 미국 코넬대학교 조류학과의 '버드 캠Bird Cams'에 접속해 실시간 동영상을 본다. 페이스북으로 동물 생태계 연구 프로그램에 참여하는 친구들과 교류하고, 트위터 계정을 개설해 대학 조류 동아리의 활동을 팔로우한다. 그리고 진학이나 진로 대신 탐조 리포팅 대회 버드 카운터bird counter 출전을 고민하고 있다. "새에 미친 사람들"이 모이는 행사이기 때문이다.[7] 이 학생은 학교나 학원에서 제공하는 전통적인 방식의 수업이 아니라, 다양한 플랫폼을 주체적으로 활용하면서 원하는 지식과 경험을 쌓고 있다.

이처럼 배우는 방식이 바뀌면서 누구와 어떻게 교류하느냐에 따라 진로도 달라진다. 새와 관련한 지식과 경험을 추구하는 과정에서 연구소, 생물 자원관, 수목원, 자연사 박물관에서 일하는 사람들은 물론 수의사, 탐조 활동을 콘텐츠로 만드는 1인 크리에이터를 만날 수 있다. 조류학과에 진학하거나 연구자가 되는 것만이 새를 좋아하는 사람들이 선택할 수 있는 길은 아니라는 사실을 자연스럽게 깨닫는 것이다.

미디어·환경·교육 혁신 분야에 꾸준히 투자해 온 미국

의 비영리 재단 맥아더 파운데이션MacArthur Foundation은 이러한 교육 방식을 커넥티드 러닝connected learning이라고 명명한다. 2000년대 초반, 디지털 시대의 청소년들이 배우는 방법을 연구한 프로젝트Digital Youth Project를 통해 확립한 개념이다. 이런 철학은 ①다음 세대의 학습은 교류를 통해서 일어나고 ②최고의 학습은 개인의 관심사와 연결되며 ③실제 사회와 관련이 있을 때 효과를 발휘한다는 연구 결과를 바탕으로 하고 있다.[8] 맥아더 파운데이션은 오랫동안 투자한 전통적 교육 부문에서 뚜렷한 성과를 내지는 못했다는 자체 평가를 통해 다음 세대가 배우고 경험하는 방식은 완전히 다를 것이라는 결론을 얻었다. 학생들은 더 이상 진학이나 진로를 포함한 삶의 방향을 설정할 때 학교에 의존하지 않는다. 그렇다면 학교 밖의 배움에 투자하는 방법이 남는다.

직업이라는 갈래에 맞춰 역량을 키워야 할 때, 학교의 역할은 명확했다. 학교는 직업을 갖기 위해 필요한 지식을 전달하는 채널이자 기회를 열어 주는 유일한 선택지였다. 학력은 다양한 선택을 할 수 있는 가능성을 제공하는 수단이었다. 하지만 다양한 정보에 자유롭게 접근할 수 있는 시대에 이전과 같은 방식으로는 미래를 준비할 수 없다. 무엇보다 일의 형태와 수익 창출 방식이 달라지고 있다. 현대 사회에서 전통적인 학문 기반의 직업은 줄어들고 있다. IT 기술이 비약적으로 발전하면서 이전에 없던 산업이 생겨나고 있다. 2019년 현재 초등학교 입학생의 65퍼센트는 그동안 존재하지 않았던 새로운 직업을 갖게 될 것이라는 전망도 나온다.[9] 인터넷 플랫폼과 모바일 기기가 등장하면서 유튜버와 같은 1인 크리에이터가 하나의 직업으로 자리 잡은 것이 대표적인 예다.

그럼에도 학생들의 희망 직업 상위권에는 교사, 의사·간호사, 경찰관이 여전히 등장하고 있다.[10] 변화하는 세계를 이해할 수 있는 경험이나 자극이 주어지지 않는 환경에서 학생들은 익숙한 직업을 떠올릴 수밖에 없다. 일할 기회를 얻는 방법이 분명한 직업을 '좋은 직업'으로 꼽는 진로 교육이 달라져야 하는 이유다.

시험 점수나 학교 성적은 더 이상 미래의 일자리를 보장하지 않는다. 이전 세대의 경험과 지식을 전달하는 방식으로는 미래를 준비할 수 없다. 학교의 교육 문법, 즉 수업은 완전히 달라져야 한다. 산업의 변화에 따라 나타나고 사라지는 유망 직종을 좇는 직업 훈련소가 되어야 한다는 뜻은 아니다. 학교가 사회 진출을 준비하기 위한 작은 사회로서 기능하려면, 변화해야 한다는 것이다.

최근 학생들의 주체적인 학습을 목표로 기존의 강의를 프로젝트 활동이나 토론으로 대체하는 수업이 늘고 있다. 현행 교육 제도하에서도 중학교 1학년을 대상으로 오후 수업 시간에 진로 탐색 활동을 배치하는 자유 학년제가 운영되고 있다. 2025년에는 학생이 원하는 수업을 골라 듣고 기준 학점을 채우면 졸업 자격을 얻는 고교 학점제도 도입된다. 그러나 수업의 방식을 바꾸는 것만으로는 본질적인 변화를 기대하기 어렵다. 우리가 해야 할 일은 학교, 수업, 그리고 배움에 대한 본질적인 질문을 던지는 일이다. 학교에서 배우던 것을 SNS나 유튜브에서도 배울 수 있다면 수업은 어떻게 바뀌어야 할까? 다음 세대에게 필요한 것들이 학교 밖에서만 배울 수 있는 것이라면, 학교는 어떤 역할을 해야 할까?

학교 밖의 가능성

하버드대 교육대학원의 교육 신경과학자 토드 로즈Todd Rose와 오기 오가스Ogi Ogas는 저서 《다크호스》에서 '개개인성individuality'의 중요성을 강조하면서 교육계의 변화를 이야기한다. 빌 앤 멀린다 게이츠 파운데이션Bill and Melinda Gates Foundation과 챈 저커버그 이니셔티브Chan Zuckerberg Initiative와 같은 자선 단체들이 개인 맞춤형 교육 기술의 학교 보급에 수십억 달러를 투자하고 있다. 학년과 이수 시간 기준을 폐지하고 개인의 학습 역량에 따라 학위를 수여하는 대학교 프로그램이 교육 당국의 허가를 받기도 했다. 한국의 2019년도 교육부 예산안에도 '미래 사회의 변화에 대응하고 창의적인 인재를 양성하기 위한 체제 확립'을 목표로 대학의 수업 설계 및 운영 자율성을 확보하는 데에 5688억 원이 배정되어 있다.[11] 교육의 방향이 '무엇을 알아야 하는가'에서 '어떻게 배워야 하는가'로 옮겨 가고 있는 것은 국내외를 불문하고 나타나는 현상이다.

배우는 방법에 초점을 맞춘 교육의 사례로 네덜란드의 아고라Agora를 꼽을 수 있다. 아고라는 학생의 개개인성을 기반으로 배우는 법을 가르치는 학교다. 2014년에 30명의 학생을 대상으로 한 학교 내의 교육 실험 프로젝트로 시작했다가 12~18세 학생 250명이 재학 중인 고등학교로 성장했다. '지식보다 상상력이 중요하다'는 신념으로 운영되는 이 학교에는 학년이나 학급 같은 전통적인 학교의 단위뿐 아니라 커리큘럼, 특정 과목을 담당하는 교사가 없다. 수업은 학생이 원하는 주제challenge에 따라 설계된다. 주제를 새로 선정한 학생들은 매일 아침 전교생이 모인 자리에서 어떤 주제로 무슨 활동을 할 것인지 발표한다. 발표는 프로젝트 기한, 필요로 하는 도움이나 조언, 기대하는 산출물에 대한 구체적인 계획을 포함해야 한다. 모두가 이해할 수 있는 수준으로 프로젝트를 구체화했을 때, 실제로 프로젝트를 시작할 수 있다.

교사coach는 학생의 관심사에서 시작한 프로젝트가 개인적인 취미 활동 수준에 그치지 않도록 실제로 학습이 가능한 목표learning goal를 설정하고 코칭을 한다. 직접 가르치거나 정보를 전달하지 않고, 학습에 활용할 수 있는 자원을 제안하는 역할이다. 졸업 이후의 사회에는 정답을 알려 주는 교사가 없다는 이유에서다. 학교가 갖춘 시설이나 교사 개개인이 가진 전문성부터 학부모, 각종 산업 전문가, 외부 기관까지 활용할 수 있는 자원에 제한은 없다. 아고라 학생들은 이 과정을 통해 시도와 가능성을 경험한다. 배우는 방법을 터득하는 것이다.

춘천 전인고등학교는 한국의 공교육 시스템 안에서 학생의 관심사를 기반으로 배움의 방식을 설계한 사례다. 전인고는 2018년부터 학년제를 폐지하고 소小스쿨을 운영하고 있다. 관심 분야가 같은 학생들로 한 학급을 편성해 담임 교사가 생활·학습·진로·진학을 지도하는 동아리 학급 제도다. 동아리별 정원은 최대 12명이지만, 학생의 관심사에 따라 1명으로도 동아리를 만들 수 있다. 1학년 때는 학생들이 관심을 갖고 있는 분야를 파악하기 위한 2박 3일간의 프로그램을 스스로 기획하고, 만나고 싶은 사람을 직접 섭외하는 활동을 한다. 필요할 때에만 개입하는 교사는 문제 상황의 해결사가 아니라 학생과 함께 고민하는 코치 역할을 맡는다. 학년 구분이 없기 때문에 같은 소스쿨에 속한 1, 2, 3학년 학생들은 자연스럽게 멘토와 멘티가 된다. 별도의 수업이나 역할 없이 무엇이든 아는 사람이 가르쳐 주고, 먼저 해본 사람이 이끈다. 배우고자 하는 사람이 배우는 방법을 찾아내는 것이다.

경기도의 혁신 학교 거점 고교로 선정된 이우학교는 고등학생의 진로 수업에서 개인화를 추구하고 있다. 학생들은 희망 진로를 선택하는 것으로 진로 탐색을 시작하지 않는다. 진로 수업 첫 단계는 정보를 얻는 방법에 대해서 배우는 시간이다. 검색 엔진에 넣어야 하는 키워드 선정, 관심 있는 분야의 전문가에게 일대일 대화를 요청하는 이메일 쓰기 등 정보 탐색을 위한 다양한 기술을 익힌다. 다음 단계는 필요한 정보를 지속적으로 얻기 위한 수단을 배우는 것이다. 페이스북 이벤트 알림 설정, 웹페이지 즐겨찾기 등록, 분야별로 엄선한 뉴스레터 구독 등이다. 정보를 얻고 관리하는 방법을 배운 학생들은 주도적으로 진로를 탐색해 간다. 교내 진로 탐색 행사 역시 콘셉트 설정부터 공간 예약, 연사 섭외, 참가 신청까지 학생이 주도한다. 교사가 완성하고 학생이 참여하는 것이 아니라, 학생이 완성하고 교사가 참여한다.

강원도의 평창고등학교는 기존의 테마 학습 여행(수학여행)을 인턴 체험 프로그램으로 전환했다. 일회성 관광 대신 학생이 희망 직종을 경험하면서 적극적으로 진로를 탐색하는 시간을 제공하자는 취지다. 프로그램의 핵심은 개개인성, 학생 주도성, 사회 연계성이다. 개개인의 흥미와 관심에 따른 자기 주도적 진로 탐색이 가능한가, 대학이나 기업체 견학의 소비자가 아닌 진로 탐색의 생산자 역할을 하는가, 배움의 경험이 학교 안에 머무르지 않고 개인의 삶과 지역 사회로 연결될 수 있는가 하는 세 가지 질문으로 프로그램을 기획하고 내용의 적합성을 평가한다.

담당 교사는 "현존하는 직업은 1만 2000개가 넘지만, 학교에서 학생들이 떠올리는 직업은 많아야 10여 개에 불과하다"고 말한다. 떠올리는 것마저 직업의식이나 소양, 필요한 적성과 재능이 아닌 사회적인 인식이나 보수를 기준으로 삼고 있다고 한다.

진로 상상력은 러닝 펀드가 목표로 삼는 임팩트이기도 하다. 교사를 목표로 교육학과 진학을 꿈꾸던 학생이 교육 스타트업 창업자들을 만나 경영학을 공부하기로 하고, 자신의 아이디어로 비즈니스를 시작하겠다는 꿈을 키운다. 언어에 흥미를 느껴 외국어 전공을 고민하던 학생은 평가 대상이 되는 논술이 아니라, 자유 에세이를 쓰면서 독립 출판을 기획하기도 한다. 정형화된 수업과 학교의 울타리를 벗어나 다양한 프로그램에 참여하면서 같은 관심사를 가진 사람들과 함께 배우다 보면, 관심 분야에서 실제로 일어나고 있는 변화를 경험하게 된다.

다양한 전문성을 가진 사람들이 하나의 분야에서 협업하는 현장을 경험하고 나면 특정 학과에 반드시 진학해야 한다는 단선적인 진로 계획과 실제 사회의 괴리를 깨닫는다. 학교 안에서 잘하는 일, 좋아하는 일이라고 막연하게 생각했던 일을 전문가의 세계에서 경험하면서 진짜 원하는 일이 무엇인지 분명하게 파악할 수 있기 때문이다. 교육자의 입장에서 가장 중요한 것은 교과와 진로 사이의 경계가 없다는 깨달음이다. 지식 학습과 진로 탐색을 분리하는 방식에서 벗어나 세상과 연결되어 있을 때, 진로 수업은 재미와 의미를 가질 수 있다.

모든 배움을 인정하는 사회

수업을 더 흥미롭게 만들어야 한다는 주장에 동의하는 사람들도 그렇게 달라진 수업이 유용할 것인가를 묻는 질문에는 자신 있게 답하기 어렵다. 개인의 경험이 유용하다는 평가를 받으려면, 사회에서 그 경험을 인정받을 수 있어야 하기 때문이다. 미래 교육에 대한 논의와 미래 학교에 대한 상상이 교육계 안의 논의에 멈춰 있어서는 안 되는 이유다.

  미래 교육을 이야기할 때 반드시 등장하는 학습자 중심 learner-centered 교육의 역사는 길지 않다. 개개인성에 따라 인식과 이해뿐 아니라 경험 자체가 달라진다는 연구 결과에 따른 이 철학은 1951년 심리학자 칼 로저스Carl Rogers가 처음 소개했지만,[12] 실제 교육 현장에 적용되는 데에는 오랜 시간이 걸렸다. 대부분의 학교는 모든 학생을 개별적으로 파악하고 관리할 수 없다고 판단해 왔다. 표준화된 시험이 학습 능력을 평가하는 절대적인 기준으로 남아 있는 이유다. 기준이 그렇다 보니 '엉덩이 무거운 사람이 이긴다'는 말이 나올 만큼 읽고 쓰고 암기하는 데에 얼마나 많은 시간을 투자했느냐가 중요해진다.

배우는 방식은 이미 변하고 있다. 그런데도 앞선 세대가 규정한 대학의 전공, 직업 기준과 다르다면 '배움 밖의 영역'으로 평가된다. 학생의 관심 분야가 스케이트보딩이라면? 학교 농구 팀 선수는 아니지만 전 세계 농구 선수들의 하이라이트 영상을 만드는 일을 좋아한다면? 여전히 많은 교육자는 일단 대학에 진학한 후, 취미 활동으로 삼으라고 조언할 것이다. 전통적인 교육 기관에서 부여하는 학위로 증명할 수 없는 경험이기 때문이다. 배움이 무엇인가에 대한 근본적 인식이 달라지지 않는다면, 학생들의 관심과 수업을 연결하기 어렵다.

기존의 수업은 몇 개의 유망 직업을 목표로 삼고, 학교 성적을 기준으로 진학 가능한 대학과 학과를 고른 후 필요한 공부에 몰두하는 작업이었다. 하지만 4차 산업혁명으로 새로운 비즈니스 모델이 출현하는 시대에 일자리의 변화는 누구도 가늠하기 어렵다. 어떤 방향의 진로도 보장되지 않는 사회다. 더 많은 경험을 통해 스스로 확신을 갖고 상상력을 키워야 하는 이유다.

따라서 수업은 개인이 배움에 능동적인 태도를 갖추고 주체적인 지적 탐구 활동을 펼칠 수 있도록 돕는 작업이어야 한다. 배우는 법을 배우는 시간이 되어야 하는 것이다. 수업의 초점을 학생에게 맞추고 학생 개개인의 관심사와 경험을 기준으로 디자인할 수 있어야 한다. 결국 수업의 정의가 달라져야 하는 것이다.

미국의 비영리 사회 혁신 기구 콜렉티브 시프트Collective Shift는 배움에 대한 인식을 바꾸기 위한 LRNG 이니셔티브를 실행하고 있다. 다음의 세 가지 변화 양상에 따라 교육의 프레임을 바꾸는 프로젝트다. ①다음 세대가 배우는 목적과 동기는 개인적인 관심에서 출발한다. ②교육 기관이나 교육자가 아닌 SNS, 동영상 공유 채널, 온라인 커뮤니티가 더 많은 학습 기회를 제공할 것이다. ③지식이나 역량으로 평가받지 못했던 새로운 능력들이 부상하면서 수업의 프레임도 달라져야 한다.

이에 따라 LRNG 이니셔티브는 타인을 가르칠 수 있는 수준의 능력이나 경험을 갖고 있다면 교육자 자격을 부여한다. 학교뿐 아니라 주변 기업, 지역 사회 커뮤니티 및 개인을 연결하고, 해당 네트워크를 통한 모든 종류의 배움을 인증해

준다.

한국에서 학교와 수업은 사회, 진로와 완전히 분리되어 있다. 한국의 대학 진학률은 68퍼센트로 OECD 회원국들 중 가장 높다.[13] 그러나 국내 기업 두 곳 중 한 곳은 학벌이 업무 능력과 크게 연관이 없다는 이유로 블라인드 채용을 실시하고 있다.[14] 학교 공부가 사회의 일과 연결되지 않으니, 학생도 기업도 어려움을 겪는다. 중·고등학교 커리큘럼은 여전히 대입이라는 목표에서 벗어나지 못한다. '학교는 큰 사회를 준비하기 위한 작은 사회'라는 말이 무색할 만큼 학교와 사회는 분리되어 있다.

학교 안의 배움이 사회와 연결되려면, 학교뿐 아니라 사회도 달라져야 한다. 사회는 새로운 수업을 구상하는 교사의 노력, 학생이 스스로 개척해 온 새로운 배움의 여정에 의미를 부여할 수 있어야 한다. 사회의 기준을 바꾸기 위해서는 과감한 상상력과 실험이 필요하다. 시작하지 않으면 어떤 변화도 기대할 수 없다. 학교와 사회를 잇는 의미 있는 변화를 일으키기 위해 당장 시작할 수 있는 일은 모두가 학생의 배움에 참여하는 것이다.

"학교는 실험실이다."; 김주현 이우학교 진로 담당 교사

김주현 선생님은 기업에서 IT 관련 일을 하다 정보 교사로, 그리고 다시 진로 교사로 일하고 있다. '내 문제'를 발견하는 것이 진로를 찾는 출발점임을 알게 된 후로 학생들과 함께 욕구와 욕망을 찾는 14일 프로젝트와 주제 탐구 프로젝트를 이어가고 있다.

진로 교육으로 직업을 찾는 것이 가능할까?

학생들은 진로 수업의 모든 활동을 직업과 의식적으로 연결하려고 한다. 직업과 진로, 전공과 진로의 연결부터 끊어야 한다. 이는 단순해 보이지만 생각보다 매우 강력한 연결 고리다. 직업을 빠르게 결정하고 나면 안도감을 느껴 오히려 자신의 가능성을 제한하기도 하고, 직업을 찾지 못했을 경우 불필요한 불안감에 시달린다. 이 연결 고리를 끊어 내는 것에서 그치지 않고, 다시 배움이라는 키워드와 연결시켜야 한다. 당장 내가 배우는 것이 특정한 전공이나 직업으로 연결되지 않으면 불안해하겠지만, 그럼에도 불구하고 배움에 초점을 맞출 수 있도록 꾸준히 안내해 주어야 한다. 학생들에게 자주 이야기한다. "이후를 상상할 수 없더라도 절대 걱정하지 마. 지금은 그런 생각 하지 않아도 돼." 요즘은 학생이 학과를 만드는 대학교도 많으니까. 아니면 또 어떤가. 전공과 관련 없는 직업을 갖는 사람이 훨씬 많은데. 어차피 일을 한다는 건 분야의 전문성이 아니라 태도를 갖추는 일이다. 배움에 접근하는 방법과 태도가 핵심이다. 배움에 대한 호기심을 갖고, 활용 가능한 자원을 파악하고 빠르게 조직해서 배우고 공유하는 흐름을 반복하는 개인을 키우는 데 초점을 맞춰야 한다.

<u>학생들 입장에서는 배움을 직업과 연결하지 않고 생각하는 일이 쉬울 것 같지는 않다.</u>

불안감과 싸우는 일이다. 계속해서 호기심을 갖고 무언가를 배워 나간다면, 적절한 시기에 자연스럽게 전공이나 직업과 연결될 수 있으니 지금 당장은 배움 자체에 집중하면 좋겠다고 이야기한다. 배움에 대한 학생의 고정 관념을 깨는 것도 중요하다. 고등학교 1학년만 되어도 이미 10년이나 학교라는 시스템을 경험한 상태가 된다. 학교가 만들어 놓은 구조에 종속되거나 매몰되는 경우가 많다. 학교에서 여는 수업이 아니거나 교과서 같은 공식적인 매뉴얼, 시험 문제를 출제하는 선생님이 없으면 배우지 못한다고 생각한다. 선택 과목이 아무리 많이 열려도 학생 개개인을 모두 만족시키는 건 불가능하다. 그래서 주제 탐구 프로젝트는 "학교가 사라지면 어떻게 될까?"라는 질문으로 익숙했던 학교의 개념을 버리는 것에서 시작했다. "선택 과목을 개설할 수 있는 권한이 주어진다면?"

이라는 질문을 던졌더니 엄청나게 다양한 아이디어가 나왔다. 학생들에게 배움에 대한 욕구가 없는 게 결코 아니라는 것을 확인한 계기다.

> 학생의 욕구를 바탕으로 어떤 수업이 가능한가? 시행착오도 있었을 것 같다.

처음에는 나의 역할을 '정보를 연결하는 사람'으로 설정하고 정보를 퍼 날랐다. 그런데 내가 보기에 진짜 좋은 정보여도 학생의 반응은 별로인 경우가 많았다. 지금은 '정보가 나를 찾아오게 만드는 방법'에 대한 수업을 진행한다. 구글이나 네이버에서 검색하는 것부터 페이스북 이벤트 신청하기나 분야별로 선별한 뉴스레터를 구독하는 것까지 가능한 모든 수단을 알려 준다. 관심 있는 분야의 정보 채널을 큐레이션 하는 작업이다. 각자 찾은 정보를 바탕으로 학교 밖으로 나가 실제 세상을 기웃거리기를 독려한다. 모든 배움이 그렇지만, 특히 진로라는 건 학교 안에서 열심히 찾는다고 나오는 게 아니지 않나. 학생이라서 어필할 수 있는 매력을 적극적으로 활용하는 방법도 같이 고민한다. 예를 들면, 강연이나 콘퍼런스에 참석할 때는 연사에게 전달할 손편지를 준비하거나 연락처를 받아 두라고 당부한다. 학생은 질문하는 것만으로도 호감을 사는 경우가 많으니까 적극적으로 질문하고, 강연 후에는 연사에게 짧게라도 소감을 전하고 연락처를 받아 두라고 한다. 강의를 듣는 것에서 그치지 않고, 나중에라도 만나거나 궁금한 점을 물어볼 수 있는 관계를 만드는 게 중요하다고 이야기한다.

의도한 대로 잘되어 가고 있다고 생각하나?

당장 눈에 보이는 효과나 증거가 있다고 말하기는 어렵다. 교육은 시간이 필요한 일이고, 아이들은 아직도 배워가는 단계에 있다. 하지만 이우학교 학생을 보면, 적어도 심리적 허들은 넘어선 단계에 있는 것 같다. 자신에게 의미 있는 활동이라면 무엇이든 할 수 있다는 마음가짐을 갖춘 상태다. 학생들에게는 대단한 활동이 아니어도 내가 만든 경험, 내가 해본 경험이 가장 결정적인 것 같다. 학교를 벗어나서 직접 새로운 사람을 만나고 관계를 맺을 때, '이건 내가 만든 관계야'라는 느낌에서 자기 효능감을 얻는다. 내가 주도한 활동, 내가 만난 사람, 내가 시작한 관계라는 느낌에서 학교 밖 활동에 대해 긍정적인 영향을 받고, 주도성을 확립하게 된다. 직접 해보는 상황이 주어지지 않으면 학생이 스스로 해냈다고 생각할 수 있는 기회가 별로 없다.

새로운 역량에 초점을 맞춰 학생들을 이끄는 과정에서 꼭 필요한 것이 있다면.

사회적인 차원에서 새로운 역량과 태도를 평가하고 인정해 줄 수 있는 환경이 필요하다. 지금껏 학생이 배운 다양한 역량을 보여 줄 수 있는 방법이 없었다. 아무리 21세기 역량, 미래 역량이라고 해도 당장 확인이 어려우면 학생 스스로도 확신하기 어렵다. 교육은 효과가 증명되기까지 절대적인 시간이 필요한 일이기 때문에 학교 차원에서 기준을 명확히 하고, 기준을 토대로 학생의 배움과 성장을 읽어 내고 제대로 알려 줄 수 있어야 한다. 지금 이우학교는 학생이 새로운 역량을 갖췄다는 걸 보여 줄 수 있는 평가표를 개발하고 있다.

졸업생 가운데 스스로 진로를 개척한 사례를 소개해 달라.

대학에 진학하는 학생이 훨씬 많지만, 흥미로운 사례들도 있다. 그림에 소질이 있던 한 학생은 고등학교 때 생활용품 제조 공장들을 연결하는 공장 큐레이션 플랫폼 '단골공장'의 이야기를 다섯 장 분량의 만화로 그리는 작업을 하다가 단골공장에 채용됐다. 분당에서 신촌까지 통학하면서 불편을 느끼고

버스 회사와 계약해 분당선 셔틀을 운영한 사례도 있다. 신촌 부근의 다른 학교에서도 문의가 쇄도해서 소셜 벤처 액셀러레이터 에스오피오오엔지sopoong의 투자를 받아 본격적으로 서비스를 운영하기도 했다. 대학 진학 여부에 상관없이 개인의 관심사에 따라 배움의 방식을 스스로 찾고 개척한 사례들이다.

주체적인 배움에 익숙해지고 나면, 오히려 대학에 갔을 때 흥미를 느끼기 어려울 것 같다.

대학교 1~2학년이 된 졸업생을 만나면 대학이 너무 지루하다고, 이우학교 같지 않다고 실망하는 학생이 많다. 사실 이우학교는 아주 작은 사회일 뿐이다. 대학생이기 때문에 참여할 수 있는 행사나 인턴십과 같이 경험을 쌓을 수 있는 기회도 훨씬 많다는 점을 강조한다. 이우학교에서 절대 만나볼 수 없었던 훨씬 더 큰 세계를 경험하는 거다. 고등학교 때 하던 것처럼 수업 이외에 주어지는 여러 기회들을 적극적으로 활용하라고 많이 이야기한다.

동시에 진로 교사로서 학생들이 대학이 아닌 대안에 과도하게 가치를 부여하지 않도록 노력한다. 대학이 아닌 대안이라는 이유만으로 과도하게 해석하는 경우가 많다. 대안은 실험하는 단계에서 지속성을 확보하기가 어렵고 대학보다 질 좋은 콘텐츠를 충분한 양으로 준비하기 어려운 경우가 많다. 진심으로 원하는 걸 찾지 못했다면, 선택한 대안에 만족하기 어렵다. 그래서 하고 싶고, 좋아하는 게 무엇인지 본인의 욕구를 명확하게 알고 적합한 배움의 환경을 찾아가는 게 훨씬 더 중요하다고 말한다.

미래의 진로 교사들에게 조언을 해준다면.

학생의 진로 상상력을 키워주는 게 가장 중요하고, 교사 본인도 진로 상상력을 키우려는 노력을 지속적으로 해야 한다고 말하고 싶다. 내가 알고 있는 것들이 나를 제한할 수 있다는 점을 반드시 기억해야 한다. 아이들은 기회만 주어진다면 우리가 생각하는 것보다 훨씬 잘한다는 절대적인 믿음을 가져야 한다. 실제로도 그렇다.

미래의 학교는 어떤 곳이 되어야 할까?

학교를 실험실로 정의하는 작업이 필요하다. 지금은 어떻게 애들을 가지고 실험을 하냐고, 학교가 실험실이어서는 안 된다고 이야기하는 사람이 대부분이다. 하지만 지식과 콘텐츠가 폭발적으로 증가하는 시대라는 점을 진지하게 받아들인다면, 기존의 학교 모델처럼 콘텐츠를 장악하고 효율적으로 전수하기 위해 집중하는 구조는 더 이상 유효하지 않을 것이다. 오히려 학생이 자신의 욕구에 따라 필요한 콘텐츠를 찾고 연결하고 다시 새로운 콘텐츠를 생산하는 실험실 같은 환경을 구축하고, 교사가 실험의 전문가가 되는 것이 미래 학교가 추구해야 할 방향이다. '학교=실험실'이라는 개념이 공식화되어 있다면 학생, 교사, 학부모 모두 즉각적인 성패에 얽매이지 않고 다양한 시도를 자유롭게 할 수 있을 것이다.

3

전문가 × 교육 ;

세상에 한 발 더 가까이

모두가 학교 밖으로 나갈 수 없다면

미국의 유명 철학자 조지 산타야나George Santayana는 "오로지 학교에서만 교육받은 아이는 교육을 받지 않은 것이나 마찬가지다"라고 말했다. 학생이 습득하는 지식이나 기술이 사회적 맥락이나 사회의 필요와 맞닿아야 한다는 의미다. 학교 밖으로 배움을 확장하고, 학교의 담장을 넘나들며 빠르게 변하는 세상을 배워야 한다는 뜻으로 해석할 수 있다. 학교 밖의 학습이 중요해지면서 전문가의 역할도 커지고 있다. 전통적인 학교에서는 교사가 학생의 학습과 성장을 이끄는 유일한 전문가였다면, 배움의 범위와 현장이 넓어짐에 따라 다양한 전문가들이 배움에 참여하기 때문이다.

예술가, 과학자, 연구자, 기업가와 같은 외부 전문 인력이 프로젝트에 참여하면서 학생은 프로젝트 주제와 관련된 전문성을 갖춘 사람들과 교류할 수 있다. 전문가의 네트워크와 활동 영역을 통해 학생의 배움은 자연스럽게 학교 밖 세상과 연결된다. 지식을 습득할 뿐 아니라 실제 사회에서 협업을 경험하고, 진로에 대한 구체적인 아이디어를 얻을 수 있다.

앞서 소개한 미네르바 스쿨, 싱크 글로벌 스쿨, 거꾸로캠퍼스 알파 랩, 탐험대학, 배움의 공간은 모두 전문가와의 협업을 기반으로 학습 과정을 설계한다. 협업은 특강을 목적으로 외부 인력을 초빙하거나 해당 분야의 전문 지식이나 기술을 일방적으로 전수하고, 이를 적용한 결과물을 평가하는 것 이상의 상호 작용을 의미한다. 전문가는 학생이 준비한 질문을 듣고 자신의 실제 경험을 통해 쌓은 정보나 의견을 제공하는 인터뷰이부터 학생과 함께 팀을 이루어 프로젝트를 진행하는 팀원까지 다양한 역할을 수행한다.

이러한 협업은 학생들에게 도움을 주고 사회에 기여하고자 하는 전문가의 호의로만 이루어지는 것은 아니다. 기업이나 전문가 집단이 학생들에게 프로젝트를 제안하기도 한다. 특정 분야의 전문성만으로 해결할 수 없는 사회 문제나 오랜 고민에도 잘 풀리지 않는 기업의 과제에 대한 새로운 시각을 얻기 위해서다. 기업 내에는 존재하지 않는 다음 세대의 시각이 필요한 경우가 대표적이다. 학생들이 충분히 흥미를 느끼고 도전 가능성을 갖도록 주제를 다듬고 프로젝트 목표를 설정하는 것은 기업의 몫이다. 이러한 접근은 학생을 교육이 필요한 대상으로만 바라보는 것이 아니라 협업이 가능한 파트너로 여기는 것에서 시작된다. 학생의 입장에서는 보다 실질적인 배움을 경험할 수 있는 기회다.

교육 과정 운영에 제약이 없다면 프로젝트형 수업에서 더 나아가 다양한 산업 전문가들과 함께하는 프로젝트를 중심으로 커리큘럼을 구성하는 것도 가능하다. 미국의 차터 스쿨charter school은 정부의 재정적 지원을 받으면서 교육 과정 운영이나 커리큘럼 구성에 자율권을 보장받기 때문에 실험적인 교육이 이루어지기에 유리하다. 퍼듀 폴리테크닉Purdue Polytechnic 고등학교는 차터 스쿨의 장점을 활용해 도전과제 project challenge 커리큘럼을 구축한 사례다.

퍼듀 폴리테크닉 고등학교는 학교 주변의 의료, 에너지, 교통, 자선 네 개 분야 여섯 개 기업과 매년 커리큘럼 구성을 위한 파트너십을 체결하고, 각 기업이 실제로 직면하고 있는 문제를 학생들이 1년간 집중해야 하는 도전 과제로 설정한다. 6주 동안 15~17명의 학생이 한 팀이 되어 주어진 과제를 해결하기 위해 필요한 지식과 작업을 파악한다. 교사는 각 교과에서 학생이 배우고 활용할 내용을 찾아 연결하고, 파트너 기업의 전문가는 학생의 배움이 산업에서 필요로 하는 역량과 연결되는지 확인한다. 더불어 접근 방식이나 아이디어에 대한 피드백을 제공하고, 학생의 관심사에 따라 진로 관련 어드바이스를 제공하기도 한다.

도전 과제 커리큘럼의 장점은 학사 일정 내내 전문가와 교류한다는 것만이 아니다. 학생의 경험만으로는 다루기 어려운 큰 질문big question을 주제로 삼을 수 있다는 것이 중요하다. 예를 들면 학교가 위치한 인디애나주에 본사를 둔 대규모 교통 인프라 건설사 헤리티지 그룹The Heritage Group과 인디애나주의 이동 생활을 보다 편리하고 효율적으로 만드는 방법에 대한 프로젝트를 진행하는 것이다. 리퍼블릭 항공Republic Airways과의 협업에서는 국내선을 운영하는 지역 항공사라는 사업 특성을 바탕으로 저렴한 가격에 빠르게 장거리를 오갈 수 있는 아이디어를 도출하는 것을 목표로 삼는다. 주제별로 유관 기관 전문 인력과 함께 실제 기업이 직면한 과제를 다루기 때문에 프로젝트의 시의성과 현장감을 확보할 수 있다.

전문가의 참여는 학생의 관심사를 확장하고 호기심을 높이는 역할을 한다. 질문을 세분화하는 과정에서는 여전히 학생의 상상력과 주체성이 필요하지만, 전문가의 도움으로 프로젝트를 시작하는 단계부터 실효성 높은 주제를 설정할 수 있다. 아이디어를 구체화하고 검증하는 과정에서 현장에 즉시 적용할 수 있는 피드백도 제공된다. 실제 업무 환경에서 통용되는 산출물을 제시해 학생이 주도적으로 결과물의 목표 수준을 높이게 된다. 학생이 가진 경험이나 자원의 한계를 넘어서는 배움의 새로운 범위와 경계를 설정하는 일이다.

세상과 연결된 배움

학교가 속한 지역을 배움이 일어나는 환경으로 설정하고, 지역 사회 기관이나 기업의 전문 인력들이 배움에 함께 참여한다면 실제 세상과 연결된 배움real-world learning이 가능하다. 파트너십을 전제로 협업하는 수준의 프로젝트가 아니더라도, 전문가 네트워크가 하나의 학습 자원으로 인식되었을 때 학생이 얻을 수 있는 기회와 경험은 전혀 다르다.

일본의 아이클럽i.club은 청소년의 도전 의식과 지역 사회에 대한 영향력을 높이는 것을 목적으로 학교와 기업을 연결하는 스타트업이다. 교육 인프라가 충분하지 않은 소도시나 산업 도시의 고등학생을 대상으로 지역의 특색을 살린 비즈니스 기획 프로그램을 제공한다. 관련 기업이 관심을 가질 만한 주제를 선정하고, 기업이 즉시 채택할 만한 수준의 아이디어 제시를 목표로 삼는다. 학생들끼리 개인적인 관심사를 기반으로 주제를 찾는 프로젝트와 달리, 아이디어를 실현하고 검증하는 과정부터 상품화하는 단계까지 전문 인력과의 협업 기회를 사전에 확보해 두는 것이 특징이다.

교육 기획자의 역할은 실현 가능성을 하나의 중요한 성취 기준으로 두고, 실제로 판매할 수 있는 수준의 결과물을 만들기 위한 지역 전문가 네트워크를 구성하는 일이다. 예컨대 식품에 대한 아이디어를 개발하는 과정에서 요리 연구가, 가공식품 공장, 유통 회사 등과 협업할 수 있다. 아이디어 공유 단계에서 사업화 가능성이 있다고 판단될 경우, 학생들은 실제 제품을 개발하고 테스트 제품을 판매하는 기회까지 얻는다. 기획자는 완성된 식품을 담을 패키지의 공정을 시험할 수 있는 업체나 온라인 판매를 위한 웹디자이너를 추가로 섭외

한다. 학생들은 단순히 프로젝트를 수행하는 것이 아니라 실제 사회에 진입하는 기회를 얻는다.

또 다른 기회는 고교 인턴십이다. 아직 국내에서 대학생이 아닌 고등학생 대상 인턴십 프로그램은 찾아보기 어렵다. 하지만 미국 공교육의 혁신 모델로 평가받는 메트 스쿨The Met을 설립한 엘리엇 워셔Elliot Washor는 학교를 넘나드는 배움 Leaving to Learn의 중요성을 강조한다. 학생들이 학교 밖의 관심 분야, 특히 자신이 열망하는 직종의 전문가와 함께 일하는 기회가 있어야 한다는 것이다. 진정한 학습은 개인의 관심사와 역량을 기반으로 실제 상황에서 겪는 문제를 이해하고, 교과 학문적 기술을 응용할 수 있을 때 가능하다.

개인의 관심사를 기반으로 고등학생에게 인턴십 기회를 연결하는 서비스의 예로 임블레이즈ImBlaze를 들 수 있다. 임블레이즈는 비영리 교육 단체 빅 픽처 러닝Big Picture Learning이 개발한 인턴십 매칭 애플리케이션이자, 메트 스쿨을 비롯해 학교를 넘나드는 배움을 핵심 가치로 삼는 학교들의 네트워크다. 학생이 원하는 인턴십을 발견하고 지원 요청서request to pursue를 발송하면, 코디네이터가 적합성을 판단해 연결한다. 연결 후에는 담당 교사를 통해 학교 시스템에 관련 사항을 등록하고, 인턴십 기간 출석 현황과 학습 내용을 기록한다. 학교는 학교 밖 배움의 가능성을 열어 두고 지원하며, 교사는 학생의 성장과 성취를 함께 살핀다.

이러한 인턴십을 통해서 기대하는 배움은 분야의 전문성보다는 일을 대하는 태도나 진로 상상력에 가깝다. 관심 있는 분야에서 이미 인정받고 있는 사람들과 교류하며 그들의 경험을 바탕으로 하고 싶은 것, 배우고 싶은 것에 접근하는 본인만의 방법을 파악하는 것이 핵심이다.

로드트립 네이션Roadtrip Nation은 자신의 관심 분야에서 일하는 사람들을 만나 인터뷰하면서 학생 스스로 진로나 학습에 대한 관점을 키우도록 돕는 기관이다. 로드트립 네이션이 운영하는 웹사이트에서 학생이 흥미를 느끼는 분야 두 개와 창의력을 발휘하는 환경, 동력을 얻는 기준을 선택하면 관련 카테고리에 속한 전문가 900여 명의 인터뷰 영상을 확인할 수 있다.

로드트립 네이션의 주요 프로젝트는 10대 후반부터 20대 초반의 학생들이 팀을 이루어 분야별 멘토를 찾아 인터뷰 여행을 떠나는 다큐멘터리 프로젝트다. 각 프로젝트는 학생들이 궁금해하는 분야에 따라 산업, 지역, 대학, 학위 등을 아우르는 다양한 카테고리로 진행된다. 카테고리별 주제는 일의 미래, 테크 벤처 창업, 사이버 보안 등 다양하다. 주제에 따라 마이크로소프트, AT&T, 시스코cisco 등 기업이나 재단, 혹은 해당 지역 대학교의 지원을 받는다.

로드트립 네이션은 전문가 인터뷰를 매개로 다음 세대의 배움에 대한 태도와 진로 상상력을 키우는 미션을 가진 다큐멘터리 제작사이기도 하다. 학생들은 로드트립 프로젝트에 참여하면서 전문가와의 협업이라는 경험을 하게 된다. 감독, 연출, 편집 등 영상 전문 인력은 물론이고 카피라이터, 시각 디자이너, 영상 코디네이터, 마케터 등 다큐멘터리 제작에 관여하는 다양한 분야의 현업 전문가들과 함께 일하는 것이다.

로드트립 네이션은 학교 밖 프로젝트를 통해 학점을 취득할 수 있는 커리큘럼도 제공한다. 학교나 교사 입장에서는 커리큘럼을 계획하는 과정에서 외부 전문가 네트워크를 확보할 수 있고, 학점 인증이 가능한 프로젝트 수업을 설계할 수 있다. 예를 들어 교내 진로 프로그램의 일환으로 로드트립 네이션 교육 과정을 활용할 수 있다. 학생들은 각 분야에서 커리어를 쌓은 사람들의 인터뷰를 보면서 전문가들이 어떤 노력을 했는지 알 수 있다. 또한 인터뷰를 진행한 학생들의 프로젝트를 보면서 스스로 하고 싶은 일이나 프로젝트를 구체화할 수 있다.

다시, 교사의 역할

학교 밖 배움, 세상과 연결된 배움의 중요성을 강조할 때 자주 생기는 오해가 있다. 교사의 역할이 축소된다거나, 반대로 교사가 너무 많은 것을 스스로 학습해야 하는 부담을 안게 될 것이라는 우려다. 이런 오해는 교사의 역할에 대한 근본적인 질문의 부족으로 인한 것이다.

(1) 조력자로서의 교사

분야별 전문가가 학생의 관심사나 프로젝트 주제에 따라 가장 실질적인 도움을 줄 수 있는 것은 분명하다. 하지만 외부 전문 인력이 멘토, 어드바이저, 컨설턴트 등 다양한 역할을 수행하며 학생들의 배움에 참여하는 것은 교사의 전문성을 부정하는 일이 아니다. 교사는 학생 개개인의 관심사를 이해하고 지금까지 쌓아온 교과 지식, 역량, 진로 상상력을 아우르는 전반적인 성장의 과정을 함께하는 사람이다. 교사의 도움이 없다면 학생의 입체적인 성장을 기대하기 어렵다. 외부 전문가들은 배움을 풍성하고 현실적인 것으로 만들어 주는 사람들이다. 배움과 성장의 중심에는 학생과 교사가 있다. 학생이 배움을 주도하는 주인공이라면, 주인공의 자리를 만들어 주는 사람이 교사다.

싱크 글로벌 스쿨, 거꾸로캠퍼스의 알파 랩, 퍼듀 폴리테크닉 고등학교는 모두 프로젝트를 기반으로 외부 전문가 네트워크를 활용하는 고등학교 과정을 운영한다. 학생과 기업 또는 기관 간의 공통 관심사를 기반으로 주제를 선정하고,

프로젝트 초기에 현장 답사나 인터뷰를 통해 인터넷 검색만으로 알 수 없는 정보를 얻거나, 아이디어를 개발하고 적용하는 단계에서 실현 가능성을 가늠하는 등 협업의 범주는 다양하다. 그러나 학사 일정 내내 전문가와 협업하는 것은 불가능하다. 이때 교사는 학생이 학습의 동력과 주체성을 잃지 않도록 프로젝트 과정에서 되짚어야 하는 질문을 제시하고, 다음 단계에 필요한 작업과 자원을 파악한다. 정답을 제시하지 않고, 구체적인 논의를 통해 학생과 함께 고민하는 교사는 조력자의 역할을 한다.

(2) 연결자로서의 교사

세상과 연결된 배움을 위해 교사가 세상의 모든 새로운 지식과 역량을 직접 쌓을 필요는 없다. 대신 배움이 일어나는 영역이나 방식이 새롭게 정의될 때 교사도 새로운 역할을 해야 한다. 바로 연결자connector로서의 역할이다. 학생 주도성student agency을 기반으로 프로젝트를 운영하며 학습 내용과 주제를 설정할 때, 교사는 교과 전문성에 더해 학생에게 필요한 지식과 역량을 이해하고 다양한 배움의 기회와 자원에 연결해야 한다. 특히 학교 외부의 자원과 기회를 파악하고 연결하는 데는 단순히 외부 자원의 목록을 공유하는 것 이상의 적극적이고 세심한 노력이 필요하다. 전문가와의 만남은 그 자체만으로도 의미가 있겠지만, 어느 시점에 누구와 어떻게 협업하는 가에 따라 학생이 얻는 경험은 전혀 달라질 수 있기 때문이다.

워싱턴 리더십 아카데미Washington Leadership Academy는 정규 커리큘럼의 일환으로 인턴십을 운영하고, 교사가 인턴십 어드바이저의 역할을 수행하는 고등학교다. 고등학교 2학년 학생들이 한 학기 동안 매주 금요일마다 인턴으로 근무하고, 고등학교 2학년 교사들이 일부 시간을 할애해서 1인당 10명의 학생을 관리한다. 교사는 학생과 함께 해당 기업에 방문해서 공식적인 피드백 세션을 갖고 학생의 업무 관련 역량과 대인관계 기술에 대한 학습을 점검한다. 기업 담당자가 학생의 업무 성과에 대해 주 단위로 평가하면, 인턴십 어드바이저가 피드백 내용에 대해 함께 듣고 논의하는 방식이다. 교사는 학교 밖에서 일어나는 배움을 파악하고, 앞으로 학생에게 필요한 자원을 구체적으로 상상할 수 있다.

교사의 역할을 새롭게 정의하고자 하는 시도는 지속적으로 이어지고 있다. 코치coach, 촉진자facilitator, 안내자guide, 활성자activator 등 교사라는 업을 재정의하거나 대체하기 위한 새로운 용어도 다양하게 등장하고 있다. 수많은 논의에서 공통적으로 다루는 내용은 교사가 사회의 변화에 따라 달라지는 배움에 민첩하게 대응하기 위해 새로운 역량을 길러야 한다는 점이다. 새로운 역량을 키우고 새로운 역할을 하려면 교사에게도 다양한 자원과 기회가 필요하다. 학교는 학생뿐 아니라 교사도 이전과 다른 지식과 경험을 얻을 수 있도록 다양한 전문가 네트워크와 연결해야 한다. 교사 스스로 새로운 배움을 경험할 때, 다음 세대를 위한 배움을 상상하고 설계할 수 있다.

"학생이 주도하는 혁신으로 사회를 바꾼다."; 오가와 유 아이클럽 대표

오가와 유小川悠는 지역의 고등학생과 기업이 함께 아이디어를 개발하고 실제 비즈니스를 만드는 청소년 교육 프로그램 '아이클럽'을 운영하고 있다. 2012년에 게센누마시에서 시작한 아이클럽은 지금까지 10여 개 도시에서 수천 명의 학생과 함께 20개 이상의 새로운 비즈니스를 만들어 냈다.

아이클럽을 시작하게 된 계기는 무엇인가?

도쿄대 대학원에 있을 때 아이스쿨i.school에 참여했다. 수많은 창업가를 배출한 스탠퍼드 대학 디스쿨d.school을 모델로 2009년에 설립한, 사회 문제를 혁신적으로 해결하는 비즈니스를 목표로 1년 동안 진행하는 프로그램이다. 학점이나 학위는 제공하지 않지만, 전공이나 성적에 관계없이 도쿄대 대학원생이라면 누구나 들을 수 있다. 2011년도에 프로그램에 참여하는 동안 동일본 대지진이 발생했다. 뭐라도 해야겠다는 생각에 아이스쿨 학생들과 함께 자원봉사 팀을 꾸렸고, 재난 현장에서 지역의 청소년을 많이 만났다. 본인들이 나고 자란 도시에 도움이 되는 일을 하고 싶은데 어디서부터 어떻게 해야 할지 모르겠다고 하더라. 이때 뇌리에 스친 것이 아이클럽이다. 내가 아이스쿨에서 배운 모든 것을 토대로 청소년들도 혁신을 이끄는 리더가 되도록 만드는 프로그램을 운영해야겠다는 생각이 들었다.

일본에서는 일반적으로 새로운 기술을 개발하는 게 아니라면 혁신이라고 여기지 않는 편이다. 기술 분야에 종사하지 않으면 혁신과 거리가 멀다고 느끼는 경우가 대부분이고, 청소년은 완전히 배제되어 있다. 학생들조차 혁신은 미래에 꼭 필요하지만, 내가 할 수 있는 일이라고 생각하지는 않는다. 하지만 기술은 혁신을 실현할 수 있는 하나의 수단일 뿐이라고 생각했다. 더불어 혁신이 대단한 일이 아니라 매일 참여할 수 있는 일이 되면 좋겠다고 생각했다. 스포츠를 좋아하는 사람은 스포츠 팀에 참여하고, 공연을 좋아하는 사람은 영화나 연극 동호회에 가입하는 것처럼. 그래서 누구든 혁신을 좋아하고 즐기는 사람이라면 환영한다는 뜻에서 이노베이션 클럽, 아이클럽이라고 이름 붙였다.

아이클럽을 구체적으로 소개해 달라.

각 지역의 고등학생이 해당 지역이 가진 자원을 바탕으로 지역의 비즈니스를 되살리기 위한 아이디어를 내고, 지역의 기업이나 전문가들과 협업하면서 실제 제품 브랜드를 만드는 것을 목표로 하는 청소년 교육 기관이다. 주요 커리큘럼은 인터뷰와 현장 조사를 통해 아이디어를 내고 지역 커뮤니티에 발표하는 '0에서 1 만들기', 발표한 아이디어를 지역의 사업자들과 함께 개발하고 본격적으로 상품화하는 '1에서 10 만들기' 두 단계다. 첫 번째 프로그램은 인터뷰를 포함한 다양한 조사 방법, 아이디어 발신하고 선택하기, 효과적인 프레젠테이션 등 각종 기술을 익히는 단계다. 그다음은 산업 종사자들과 함께 협업하면서 시제품을 만들고 테스트 판매를 통해 아이디어를 검증하고, 판매를 위한 공정이나 마케팅까지 다루는 실전 경험이다. 단계별로 필요한 시간이나 협업 구조가 다르기 때문에 각각 4개월, 8개월 단위로 설계한다.

지역에 집중하게 된 특별한 이유가 있나?

아이클럽을 설립하고 첫 번째로 찾은 곳이 동일본 대지진으로 큰 피해를 입었던 미야기현 게센누마시다. 아이클럽을 떠올린 곳이자, 가장 먼저 오고 싶었던 곳이다. 게센누마는 미야기현의 최북단에 위치한 인구 약 6만 8000명의 도시인데, 대학이 없다. 고등학교 졸업 후에 진학이나 진로를 위해 지역을 떠나서 돌아오지 않는 경우가 빈번하다. 처음에는 막연하게 인프라나 기회가 부족해서 학생들이 지역을 싫어한다고 생각했는데, 학생들과 직접 대화를 나눠 보니 세 가지 문제가 있더라. 지역을 제대로 이해할 기회가 없어서 막상 떠난 후에야 장점을 알게 된다, 지역에 남아 있는 선배나 어른을 만날 기회가 없다, 변화를 만드는 방법을 고민하거나 배운 적이 없다는 것이었다. 미야기현을 포함한 동북 지역은 대체로 청소년이나 청년의 지역 이탈로 인한 도시 고령화를 겪고 있지만, 오랜 역사를 가진 특산 식품이나 관광으로 유명한 곳들이다. 청소년이 직접 아이디어를 냈을 때, 실질적인 변화가 가능한 맥락과 자원이 있다는 생각이 들었다.

예를 들어 게센누마는 풍부한 가다랑어 어획량과 뛰어난 가공 기술로 유명하다. 겨울에는 건조한 바람이 많이 부는 지역이라 가다랑어포뿐 아니라 각종 건조식품을 다양하게 소비하는 식문화가 있다. 그런데 수송 기술이나 냉동·냉장 기술이 발전하고 다른 지역에서 유사한 식품을 생산하면서, 지역의 특색이 사라지고 있었다. 고등학생 15명이 지역의 다양한 가다랑어 산업 종사자들을 인터뷰하면서 지역을 되살리겠다고 온종일 시내를 돌아다녔더니, 가공식품 공장장이 "공장을 내주겠다"고 하고 수산 회사에서는 "어떤 재료가 필요하냐"고 물었다. 유통 회사 사장은 "매대를 제공할 수 있다"고 환영했다. 사업의 돌파구가 필요하기도 했지만, 고등학생들이 지역을 위해서 무언가 하고자 하는 태도에서 동기를 얻은 거다. 실제로 학생 팀과 전문가가 협업한 끝에 고추기름에 가다랑어 크런치를 섞은 반찬 상품을 개발했다. 참여한 학생들은 "지금도 게센누마를 떠나야겠다는 생각에는 변함이 없지만, 이제 뭘 가지고 돌아와야 할지 안다"고 말했다. 스스로 할 수 있다는 자신감과 지역에서 함께 산다는 것에 대한 새로운 개념이 생겼다는 것을 확인한 계기다. 학생이 주도하는 변화로 어른들도, 지역 사회도 함께 변할 수 있겠다는 생각이 들었다.

가장 기억에 남는 프로젝트는?

2017년에 나가사키현에서 관광 산업 혁신에 대한 의지를 공표했을 때 이키壱岐섬의 고등학생들과 진행했던 프로젝트다. 이키는 대마도의 5분의 1 정도 되는 크기의 섬인데, 나가사키에서 페리로 두 시간 거리에 있는 꽤 유명한 관광지다. 학생들이 맡은 주제는 관광객이 페리에 타 있는 동안 이키섬에 대한 관심과 관광에 대한 기대를 높이는 방안이었다. 1차 조사를 통해 알게 된 것은 대부분의 승객이 페리에서 자거나 스마트폰을 조작하며 시간을 보내고, 인스타그램이나 관광 가이드에 담긴 사진에 의존해서 코스를 짰다가 실망한 적이 많다는 점이었다. 학생들은 스토리텔링형 오디오 가이드를 만들자는 아이디어로 섬의 방방곡곡을 돌아다니며 각 분야의 지역 전문가들로부터 인물, 구역, 랜드마크가 가진 흥미로운 이야기를 모았다. 페리 회사에 오디오 가이드의 QR코드를 넣은 포스터를 배포하고, 섬이라는 뜻의 시마島와 이매지네이션imagination을 합쳐 시마지네이션shima-gination이라는 브랜드를 만들었다. 시마지네이션은 페리 운항 업체 조합에서 사용하면서 유명 관광 서비스가 되었고, 프로젝트에 참여했던 한 학생은 이키섬 관광 활성화에 대한 진로를 고민하겠다며 경제학과에 진학했다.

그 정도의 협업을 기대하려면 프로젝트 설계가 중요할 것 같다.

지역의 특성에 따라 주제화할 수 있는 산업이나 혁신의 주요 대상, 목적을 설정한 후에 학교와 대화를 시작한다. 언제 어떤 기업 혹은 전문가를 만날 수 있는지, 만나서 얼마만큼의 협업이 가능한지 파악하는 것도 프로젝트를 설계할 때의 주요 포인트다. 다루고 싶은 주제를 구체화하고 직접 실행하는 것은 학생들의 몫이지만, 학생들이 일할 거리를 충분하게 준비하는 작업은 우리의 몫이다.

지역 단위로 전문가를 모집하는 것도 지속적인 협업을 위한 일이다. 아이스쿨 경험을 기반으로 아이클럽을 만들었을 때 예상치 못한 어려움이 있었다. 학생의 동기를 계속해서 끌어올리는 문제였다. 아이스쿨은 상대적으로 성취욕이 강한 대학원생이 모인 프로그램이었지만, 지역의 고등학생을 대상으로 하는 아이클럽은 동기 부여가 가장 큰 과제다. 간헐적으로 몇 개 분야의 전문가를 만나는 것보다 장기간 관계를 쌓으며 실질적으로 협업할 수 있는 전문가 파트너가 필요하다고 판단한 이유다. 해당 지역의 전문가와 파트너십을 맺어 만남의 횟수와 협업의 기회를 늘려 동력을 유지하는 것이다.

학생이 배움의 주체가 되려면 온전히 맡겨야 한다고 이야기하는 사람도 많다.

그렇게 했을 때 의미 있는 경험을 하는 학생들은 일부에 불과하다. 이미 풀고 싶은 문제가 가득하고, 탐구하고 싶은 주제가 많은 학생들도 있다. 해볼 수 있는 기회와 적당한 환경만 주어지면 어떻게든 시작할 친구들이다. 그런데 삶에서 문제가 될 만한 상황을 경험하거나 궁금증을 품을 기회가 충분히 없었다면, 풀고 싶은 문제를 찾는 게 어려워서 지치는 경우도 많다. 전해 듣거나 어딘가에서 읽은 내용으로 문제를 해결하기 위한 행동을 하기는 어렵다. 그렇기 때문에 자신과 관련 있다고 느낄 만한 지역의 문제를 새롭게 바라보는 주제를 선정하고, 프로젝트를 시작할 수 있는 몇 가지 정보를 제공해 주는 거다. 학생의 활동에 제한을 두기 위한 것이 아니라, 더 적극적으로 활동을 계획하고 프로젝트에 몰입할 수 있도록 돕는 방법이다.

　　교사의 입장에서도 전문가와의 협업을 기대한다면 학생만 믿고 맡겨 두기 어렵다. 일단 학생은 교사에 비해 사회 경험이 부족하다. 내가 만나야 하는 사람을 파악하는 것뿐 아니라 만날 수 있는 사람들의 네트워크를 확보하기가 어렵다. 최악의 상황에는 프로젝트 종료일까지 학생이 누구도 만나보지 못한 채 학기를 마쳐야 할 수도 있다. 게다가 학사 일정은 밀도가 높은 데 비해 유연성이 낮아서 적시에 전문가를 섭외하는 것도 쉽지 않은 일이다. 데드라인을 기점으로 누구와 언제, 어떻게 협업할 수 있는지 얼개를 잡아두고 학생에게 자율성을 부여하는 것이 실질적인 도움을 주는 방식이라고 생각한다.

전문가의 참여를 촉진하는 노하우가 있다면?

첫 번째로 각 전문가가 무엇에 매력을 느끼는지 파악하는 게 중요하다. 특정 분야의 전문가는 본인이 하는 일이나 사업에서 일정 수준 이상의 성취를 이루어 낸 경우가 많다. 이런 사람들은 자신이 쌓아 온 전문성을 다음 세대에게 나누어 줄 수 있다는 데에서 보람을 느낀다. 본인이 속해 있는 지역에 대한 자부심이 강한 경우는 지역의 학생을 도우면서 사회적 책임감을 실현하기를 바란다. 순수하게 청소년의 사고방식을 궁금해하는 사람들도 있다. 청소년을 만날 기회는 없지만, 자신이 하는 일이 앞으로 다음 세대에게 매력적인 일이 되려면 어떻게 해야 하는지 고민하는 것이다. 전문가마다 학생 주도 프로젝트에서 느끼는 매력이 다르기 때문에, 필요에 맞게 대화를 이어 가는 게 나의 전략이다.

두 번째는 확실한 프로젝트 매니지먼트다. ①프로젝트 중간 공유와 최종 프레젠테이션은 전문가가 학생들에게 직접 받고 ②전문가의 개입이 필요한 일정과 단계별 데드라인을 미리 정하고 ③초반에 설정한 전문가의 참여 범위를 절대로 넘어서지 않는다는 원칙이다. 원칙을 공유하면, 학생을 상대하는 낯선 일이더라도 별다른 우려 없이 참여하게 되는 것 같다.

해당 분야 전문가로부터 피드백을 받을 수 있다는 것 외에 전문가 참여의 좋은 점은 뭔가?

학생은 실제 협업 상황에서 겪을 일을 먼저 경험해 볼 수 있다. 인터넷이나 기사 등 매체를 통해서가 아니라 실제로 협업하면서 전문가가 일을 대하는 태도나 사고방식을 보고 배울수 있다. 그러면서 본인의 진로에 대해서도 더 현실적으로 고민할 수 있게 된다. 전문가를 만날 수 있는 시간이 정해져 있다 보니 아쉬운 점도 물론 있지만, 학생 입장에서는 주어진 시간에 무엇을 준비해야 하는지, 무엇이 가장 중요한지 우선순위를 세우고 시간을 효율적으로 쓰는 방법을 배운다. 누군가의 시간을 쓴다는 것의 의미, 지나가면 돌이킬 수 없는 기회의의미를 배우는 거다. 미리 만나기로 정한 날이 지나면 전문가를 다시 볼 수는 없다. 원하는 만큼 많은 사람들을 만날 수도없는 것이 현실이다.

전문가 입장에서는 청소년이 열정을 가지고 하나라도더 배우려고 하는 모습을 보거나, 다음 세대가 학습하는 방식이 바뀐 것을 보면서 오히려 자극을 받는다. 전문가 스스로 미래를 위한 준비를 하면서 무언가를 배우고 변화해야 한다고느끼는 경우가 많다. 교사는 학교 밖 전문가들과 소통하고 의사 결정을 하는 법을 배운다. 일본의 교사는 다른 기업이나 조직 환경에서 근무한 경험 없이 교직에만 있는 경우가 많다. 프로젝트를 기획하고 운영하는 것을 낯설게 여기는 분들이 많다. 학생을 통해 프로젝트 경험을 쌓고, 아이클럽과 협업하면서 외부 전문가들과 연결하고 협업하는 법을 배울 수 있다.

전문가와 협업을 전제로 하는 배움에서 교사의 역할을 정의한다면?

첫 번째는 배움의 과정을 돌보는 교육자의 역할이다. 전문가는 교육적인 관점이 부족한 경우가 많다. 조직에서 교육자의 역할을 맡는 일도 드물다. 실제 업무 환경에서는 아이디어를 도출하기까지 얼마나 많은 노력을 들이고 무엇을 배웠는지가 아니라 높은 수준의 결과물이 우선이다. 교사는 전문가와 협업하는 모든 과정에서 학생이 얻게 되는 지식이나 역량을 살피고, 생의 경험을 배움의 관점에서 읽어 낼 수 있어야 한다. 두 번째는 일정을 조율하고 관리하는 역할이다. 학교는 대부분 학사 일정이 빡빡하다. 마감 기한에 대한 융통성을 기대하기 어렵다. 매일 학생들을 만나는 입장에서 직접 프로젝트의 진행 과정을 확인하고 필요한 속도를 유지하는 페이스메이커의 역할을 수행해야 한다. 마지막은 학생을 끊임없이 격려하고 응원하는 지지자의 역할이다. 기업이나 산업 전문가와 진행하는 프로젝트는 결국 아무도 답을 찾지 못한 일에 도전하는 일이다. 처음에는 재미있어 보이겠지만, 반복적인 실패와 좌절을 경험할 수도 있다. 이때 나서서 답을 찾아 주지는 않되, 계속해서 도전할 수 있도록 가까이에서 용기를 북돋워 주는 사람이 필요하다.

4   학교 × 교육 ;
     철학만으로는 달라지지 않는다

상상과 실험을 위한 중간 지대

학교는 공교육이라는 거대한 제도의 일부다. 많은 국가에서 가장 많은 정부 예산이 투입되는 분야이기도 하다. 거대한 배가 한 번에 방향을 돌릴 수 없듯, 지금까지 공고하게 자리 잡은 체계와 절차를 모든 학교가 한 번에 뛰어넘기는 불가능하다. 현실 세계에서 실험을 하다 보면 시행착오가 있을 수밖에 없다. 문제는 공교육 체계 안에서 공부하는 모든 학생들이 시행착오를 겪을 수는 없다는 것이다. 교육은 학생의 미래를 위해 현재의 시간을 사용하는 일이고, 교육을 대상으로 한 실험에는 위험이 따른다. 개인이 처한 환경에 따라 위험을 부담할 수 있는 범위 또한 다르다.

그러나 가야 할 방향이 궁극적으로 옳다고 믿는다면 누군가는 어딘가에서 실험을 시작해야 한다. 거꾸로캠퍼스는 자유로운 실험을 위해 공교육 체계 밖에서 실험을 시작했다. 공교육 교사들이 시작하고 설립한 학교지만, 교사들은 휴직 또는 퇴직을 선택해 공교육 체계 밖으로 뛰어나왔다. 교사들의 인건비는 교육 혁신에 투자하는 민간 기금이 지원한다. 싱크 글로벌 스쿨은 '부자 아이들만 갈 수 있는 학교'가 되지 않도록 학비를 학생 개인의 가정 소득에 맞춰 내도록 하되, 창립자가 설립한 재단을 통해 학교 운영 예산의 부족분을 충당해 준다. 미네르바는 장학 기금을 위한 재단을 두는 기업의 형태로 학교를 시작했고, 지적 재산의 가치에 투자받는 방식을 통해 재원을 마련했다. 교육자와 경영자, 마케터, 운영 인력이 함께 팀을 이루어 고등 교육의 과감한 실험을 이어가고 있다. 세 학교 모두 커리큘럼과 운영의 자율성을 갖고 공공성과 지향하는 가치를 지킬 수 있는 중간 지대를 각각의 방식으로 찾아낸 것이다.

미래 학교를 위한 실험이 더 많이 일어나려면, 그리고 더 많은 아이들을 위한 실험, 공교육을 위한 실험을 시도한다면 실험실과 공교육의 연결 고리가 필요하다.

교사의 새로운 역할과 조건

교사는 가장 좋은 연결 고리다. 변하지 않는 것처럼 보이는 공교육 체계 안에서 이미 새로운 역할에 대한 고민을 시작한 교사와 교육자들이 있다. 2019년 12월, 씨프로그램은 '미래학교 콘퍼런스'에 모인 100여 명의 교사들에게 '미래 학교에서 가장 중요한 교사의 역할'을 묻는 질문을 던졌다. 그 결과는 다음 그림과 같다.

고민으로 그치지 않고, 실천을 시작한 교사들도 있다. 경험과 용기를 나누는 교사 네트워크도 성장하고 있다. 그러나 대부분의 실천과 실험은 교실, 과목, 동아리의 테두리 안에서 이루어진다. 실험이 학교 단위로 확장되는 경우는 흔치 않다.

러닝메이트　　자발적 배움으로의 안내자
지도자　탐구심　신뢰　학습자　동반자　소통
배움 기획자　언어해석능력　학습경험디자인　코치
경청　모두의 다양성을 키워줄 수 있는 환경 조성　질문자
경험　잠재력발휘　협력자　가능성을 알아보는 교사　관리
학생의 특성을 알아봐주는 것　코칭　조력자　future insignt　개혁
공감　co-designer for learning　안내자　협력
교사　학생에게 학생과 로봇의 차이점을 생각하게 함　소통능력
연결　학교 안과 학교 밖을 연결하는 역할　상상력
실제 사회와 학생을 연결하는 연결자

미래 학교에서 가장 중요한 교사의 역할

　　미래 학교를 만들어 보고자 하는 교사들, 새로운 배움을 실현해 보려는 교사들이 휴직이나 파견 등의 방식으로 안전하게 실험할 수 있는 시간을 얻는다면 어떤 일이 생길까? 교사 개인이 아닌 팀으로 학교의 계획을 만들어 신청하고, 만들어진 팀에는 새로운 교사들이 개인 자격으로 참여할 수 있도록 한다면 어떨까? 학교가 지향하는 교육의 목표와 교육 방식, 필요한 자원을 제시하고 지원받되 각각의 실험 학교가 연구와 아카이빙을 반드시 공유하는 것을 조건으로 한다면 어떨까? 그리고 실험을 하는 학교들이 서로에게 배울 수 있다면 또 어떤 새로운 학교들이 생겨날까?

　　학교의 담장을 넘나드는 프로젝트 기반의 수업을 준비

하고 운영하며, 학생들의 성장을 가까이서 지켜보고 코칭하는 일에는 많은 시간과 노력이 든다. 다양한 자극과 자원도 필요하다. 학생들의 배움에 필요하다고 생각하는 일들을 유연하게 결정하고 운영해 나가기 위한 자율성도 주어져야 한다.

학생들에게 학습의 주도권을 넘겨주는 일에도 세심한 노력이 필요하다. 프로젝트 수업을 시작하는 학생들에게는 교사가 미리 앞서 생각하고 가이드라인을 제시해 주어야 한다. 처음부터 주도권을 완전히 넘겨주면서 의미 있는 배움이 일어나기를 기대할 수는 없다. 경험과 자신감이 쌓이면서 스스로 문제를 찾아내고 자원을 연결하는 것에 능숙해진 학생들에게는 그에 걸맞은 수준 높은 피드백과 조언이 필요하다. 관심 있는 주제를 자유롭게 배운다는 것은 결코 쉬운 일이 아니다. 학생들이 느끼는 스트레스 수준도 결코 낮지 않다. 입시교육이 주는 스트레스와는 종류가 다른 스트레스일 뿐이다. 학생 개개인의 상황과 마음을 살피는 일에도 많은 시간과 에너지가 든다.

세계 각국의 도시를 여행하며 프로젝트를 운영하는 싱크 글로벌 스쿨의 교사들은 평균적으로 학생 코칭과 수업의 준비 및 운영에 각각 하루 세 시간 정도를 사용한다고 한다. 대부분의 수업 준비와 운영은 팀 티칭이어서 협업을 위한 논의에도 매주 2~4시간 정도가 투입된다. 이 모든 새로운 역할의 수행에 필요한 역량 개발 시간이 일주일에 한 번, 그리고 모두가 모여 학교의 운영을 논의하는 자리가 일주일에 한 번 열린다.

싱크 글로벌 스쿨은 교사가 수행해야 할 다양한 역할을 아래와 같이 정의한다. 역할별 필요한 활동과 평가 기준은 문서로 작성하여 모든 교사가 공유한다.

① 학생의 성장을 위한 조언advisory ; 개별 학생의 러닝 플랜을 함께 만들고, 학생의 성장 과정을 지켜보며 조언한다.

② 배움의 조력learning facilitator ; 학생들이 충분히 자극받고, 안전하게 느끼며, 존중받고, 적극적으로 배움에 임할 수 있는 환경을 만들고 유지한다.

③ 기술의 활용과 조력 ; 교육 전문가로서의 활동과 수업을 위한 활동에서 필요한 기술을 활용하고, 학생들을 돕는다. 모든 교사가 기술과 도구에 만능이 되기를 요구하기보다는 팀으로서 각자 가장 잘 활용할 수 있는 기술과 도구의 장점을 바탕으로 함께 일하도록 한다. 학교는 필요한 교육 기회를 제공한다.

④ 평가 ; 학생들이 지향하는 배움의 목표와 기준learning standards and outcomes을 학생들에게 명확하게 제시하며, 학생이 배우고 성장하는 과정과 성취를 평가한다.

⑤ 네트워킹 ; 프로그램과 수업을 개발하기 위해 지역의 자원

을 발굴하고 연결한다. 참고 문헌, 콘퍼런스, 동료와의 만남 등을 통해 계속해서 새로운 정보와 자원을 찾아내고, 배움의 자원으로 연결한다.

⑥ 수준의 유지, 향상 ; 학생들의 활동이 항상 높은 기준을 유지할 수 있도록 독려하고, 다양한 배움의 기회를 제공할 수 있도록 퀄리티를 살핀다.

⑦ 프로그램 개발 ; 학교가 지향하는 배움이 계속해서 더 나은 방향으로 개선될 수 있도록 적극적으로 참여하고 기여한다.

⑧ 역량 개발 ; 개인의 열정과 강점, 필요한 역량 등에 대한 계획을 세우고 계속해서 성장하도록 노력한다.

각 학교의 목표와 배움의 방식에 따라 교사가 수행하는 역할의 종류와 내용은 달라질 것이다. 중요한 것은 교사가 스스로 역할에 대한 명확한 정의와 합의를 해야 한다는 것이다. 그리고 필요한 역량을 키울 수 있는 기회와 자원, 성장할 수 있는 시간과 자율성이 함께 주어져야 한다. 기성 학교 체계 안에서 새로운 교육을 실험하는 교사들이 가장 큰 어려움을 겪는 부분이기도 하다. 기존 업무에 대한 기대와 요구, 평가가 그대로 유지되는 상황에서 의지와 신념만으로 새로운 역할을 맡기는 어렵다.

리더가 해야 할 일

새로운 학교를 운영하는 조직에서 가장 중요한 역량은 협업 능력이다. 과목 간 경계를 허물고, 학교 담장을 넘나드는 배움을 일으키려면 교사는 전문 분야를 교실에서 가르치는 것과는 전혀 다른 형태의 업무를 수행해야 한다. 다양한 전문성을 가진 교사들이 협업해야 하는 것은 물론이고, 학교 밖 커뮤니티와도 협업해야 한다. 협업이라는 단어는 교육은 물론이고 사회 전반에서 중요한 화두가 되었지만, 협업은 지금의 모든 조건을 그대로 유지한 채 '같이 하자'고 손 내미는 것, 다 같이 모이는 회의를 늘리는 것으로 이루어지지 않는다. 협업을 위한 역량이 필요하고, 협업을 지원하는 환경이 필요하다.

협업 역량이란 무엇일까? 가장 중요한 구성 요소를 꼽는다면 커뮤니케이션과 유연성, 상황과 맥락을 읽고 스스로 판단하는 힘일 것이다. 무엇을 언제, 누구에게, 어떻게 커뮤니케이션해야 하는지 판단하려면 훈련과 연습이 필요하다. 모든 것을 결정한 후에 통보할 것인가, 모든 것을 열어 두고 의견을 모을 것인가, 아니면 가설을 세워 필요한 의견을 수렴할수 있는 시간을 두고 커뮤니케이션 채널을 열 것인가. 많은 경우에는 세 번째 방식을 노련하게 사용해야 한다. 협업에 참여하는 여러 주체들이 서로 현재의 상황과 생각을 끊임없이 주고받으며 일하려면 참여하는 개별 주체들의 유연한 사고가 필요하다. 유연한 사고는 계획한 프로세스, 진행 방식과 협업의 목표 지점 사이에 괴리가 생겼을 때 빠르게 조율하고 수정할 수 있는 능력이다. 목표를 분명히 하되 방식을 바꿔 나가는 것이다. 이는 협업에 참여하는 주체, 특히 개인의 상호 신뢰가 없다면 불가능한 일이다. 서로에게 상황과 맥락을 읽고 판단할 수 있는 역량이 있다는 믿음이 있어야 한다. 결국 협업은 역량을 키워야 하는 동시에 발현을 위한 환경이 필요한 일이라고 할 수 있다. 협업을 위한 환경의 핵심은 참여자 모두가 합의하고 인지하는 명확한 목표, 목표를 우선으로 나머지를 조율해 갈 수 있는 자율성, 명확한 역할과 책임, 그리고 서로에 대한 신뢰다.

이는 교사와 학생 간의 관계에도 적용된다. 배움의 목표를 함께 정하고, 배움의 환경을 만들어 주는 것, 필요한 자원을 연결해 주고, 성장의 과정을 지켜보며 조언하는 일이 미래의 배움에서 교사가 핵심적으로 수행하는 역할이기 때문이다.

싱크 글로벌 스쿨의 리더 제이미 스텍아트는 학교 조직과 운영을 설명할 때 '미러링mirroring' 이라는 단어를 자주 사용한다. 학생들에게 필요한 환경과 문화를 교사들에게도 그대로 적용하라는 것이다. 반대로 해석해 보면, 교사가 매일의 업무에서 겪는 문화가 학생들에게 그대로 전달된다는 의미이기도 하다. 학생들이 주도권을 갖고 스스로 배움의 과정을 헤쳐 나가기를 바란다면 교사들에게도 주도권을 주어야 한다. 학생들의 수업에서 피드백이 활발하게 오가기를 기대한다면 교육자들과 리더들 사이에도 솔직한 피드백이 오갈 수 있어야 한다. 교사가 할 일이 하나하나 지시하는 것이 아니라 배움을 위한 최적의 환경을 마련하는 것이라면 리더도 교사들에게 배움의 조력자이자 연결자 역할을 수행하기 위한 최적의 환경을 마련해 줘야 한다. 미래를 위한 배움이 유연하고 자유롭게 넘나드는 것이라면 그 배움을 지원하는 학교 역시 유연하고 자유로워야 한다.

기업에 투자하는 사람들은 투자의 이유로 창업자, CEO를 꼽는다. 시장도, 사업 모델도 중요하지만, 결국 사람을 보고 투자한다는 말은 그저 듣기 좋은 공치사가 아니다. 상충하는 사안 속에서 의사 결정을 내리고 팀을 이끌어 가는 방법이 문화를 결정한다. 미래 학교가 어떤 모습이 될 것인가에 대한 논의를 이어가려면 어떤 리더가 그 학교를 이끌어 갈 것인지, 우리에게 그런 리더가 준비되어 있는지를 반드시 논의해야 한다.

학교의 최고 경험 책임자

그런데 이 모든 역할을 반드시 교사가 수행해야 할까? 학생들이 스스로 만들어 가는 배움과 성장의 경험이 미래 교육의 핵심이라면, 학생들의 경험에 집중하는 사람이나 팀이 별도로 있다면 어떨까?

미네르바 스쿨에는 최고 경험 책임자Chief Experience Officer가 있다. 미네르바 스쿨의 초기 멤버로 합류해 학교의 정체성을 만들고 학교 안팎에 알리는 일에 집중하던 로빈 골드버그Robin Goldberg는 학교가 성장한 후에는 최고 경험 책임자를 맡고 있다. 미네르바라는 브랜드의 본질에는 "어떤 학생을 키워 내고 싶은가"라는 질문이 있었고, 브랜드를 책임지는 리더인 로빈이 자연스럽게 학생의 경험에 집중하게 된 것이다.

미네르바 학생들의 경험을 만드는 요소는 세 가지다. 교육자들이 이끄는 커리큘럼과 수업, 인프라와 같은 행정적 요소(미네르바의 경우 비자 업무부터 해외 도시로의 이동 등 더욱 복잡한 업무가 포함된다), 학생의 생활에서 일어나는 경험의 연속journey을 지원하는 것이다. 첫 번째와 두 번째 요소는 기존 학교에서도 하고 있는 일이다. 미네르바는 이를 발전시키고 개선하는 방식으로 운영한다. 세 번째 요소는 기존의 학교에서는 찾아보기 어려운 새로운 영역이다.

최고 경험 책임자가 이끄는 팀은 학생이 미네르바에 대해 처음 알게 되는 순간부터 지원하는 과정, 합격이나 불합격 통보를 받는 과정, 처음 학교에 발을 들여놓는 순간, 새로운 도시에서 배우고 성장해 졸업하기까지 전 과정을 세심하게 설계하고 지원한다. 수업과 커리큘럼을 담당하는 교수진과 행정을 담당하는 운영팀이 긴밀하게 협업하면서 놓칠 수 있는 부분들을 챙기는 것이다. 예를 들면, 지원 과정에서 행정 프로세스의 효율에 집중하다 보면 학생들의 입장을 고려하기 어렵다. 미네르바는 매년 지원자가 늘어나 현재는 전체 지원자 중 입학생 비율이 2퍼센트 정도다. 하지만 경험에 집중하는 팀의 설계로 학교에 지원하는 과정 자체를 의미 있는 경험으로 구성한다는 목표를 세울 수 있었다. 그 결과 불합격 통보를 받은 학생에게서 감사의 메일을 받기도 한다.

미네르바가 중요하게 생각하는 것은 학생들이 한 학기를 보내는 도시에서 로컬 커뮤니티와 맺는 깊은 관계다. 기업, 비영리 기관, 예술가, 전문가 등 다양한 커뮤니티와 장기 프로젝트를 진행하다 보면 교수진은 학생들이 배워야 할 것에 먼저 신경 쓰느라 파트너인 로컬 커뮤니티의 요구를 미처 반영하지 못할 수 있다. 그럴 때 최고 경험 책임자의 팀이 커뮤니티와 커뮤니케이션을 한다. 미네르바 학생들과 함께 협력한 다양한 파트너들을 한자리에 초대해 의미 있는 경험과 배움을 공유하고 확장하는 일도 한다. 장기적으로 다음 학기에도 미네르바 학생들이 많은 파트너들에게 환대받으며 연결될 수 있도록 하는 것이다.

교육자와 행정가들 사이에 학생의 경험을 담당하는 조직이 존재하고, 또 비중 있는 역할을 수행한다는 것 자체가 학교를 이끄는 리더와 교육가, 행정가들의 목적과 시선이 모두 학생을 향해 있다는 의미다. 미네르바 스쿨의 사례는 기업가 출신의 리더가 학교 조직에 시도한 변화라는 점에서도 흥미롭다. 기업을 운영하는 방식으로 학교를 운영한다고 하면 많은 사람들은 돈과 숫자로 교육을 재단할 것이라는 부정적인 상상을 먼저 한다. 하지만 좋은 기업은 고객을 먼저 생각한다. 좋은 학교, 좋은 교육자도 마찬가지다.

"학생과 세상의 만남을 설계하라"; 로빈 골드버그 미네르바 스쿨 최고 경험 책임자

최고 경험 담당자라는 역할이 낯설다. 미네르바 스쿨 홈페이지에는 '학생 경험의 모든 측면을 이끈다Leading all aspects of the student experience'고 설명되어 있다. 당신이 하는 일을 구체적으로 설명해 달라.

나의 팀은 학생을 포함한 모든 이해관계자, 즉 학부모, 고등학교의 진학 상담 교사, 파트너, 미네르바 교수진과 행정·운영 담당자 등이 미네르바와의 접점에서 어떤 경험을 하는지를 설계하고 그 경험을 유의미하게 만드는 일을 한다.

기업들은 고객 경험의 여정customer journey을 그려 고객이 기업과 브랜드를 만나는 모든 접점에서 일관된 경험을 설계한다. 미네르바는 학생 경험의 여정student journey을 그린다. 학생이 처음 미네르바에 대해 알게 된 순간 학교가 약속하는 것, 학생이 학교에 입학해 학교생활을 해나갈 때의 경험과 가치를 일관성 있게 고민하고 전략적으로 만들어 가는 일이다.

경험이란 기억을 만들어 내는 일이다. 나는 매일, 그리고 하루 종일 학생들이 하게 될 경험을 고민한다. 반드시 최고 경험 책임자라는 직함을 달지 않더라도 이런 역할을 하는 사람이 학교마다 필요하다고 생각한다.

우리가 고민하는 변화의 경험transformational experience 이전에 학교생활의 가장 기본이 되는 일들, 식사나 기숙사, 비자 발급 같은 문제는 탁월하게 지원되어야 한다. 학생이 아파서 낯선 도시의 병원에 갔는데 의료 보험 처리가 되지 않는다면, 이전까지 미네르바에서 아무리 특별하고 아름다운 경험을 했다 한들 기억에 남겠는가. 미네르바에서 이 일은 운영팀이 담당한다. 우리가 하는 일은 교수진과 운영팀과의 긴밀한 협업을 통해서만 잘할 수 있는 일인 셈이다.

변화의 경험이란 어떤 것인가, 예를 들어 설명해 달라.

학교에 입학한 순간부터 세상과 만나는 경험이라고 할 수 있다. 이를 위해 우리는 스타트업, 비영리 기관, 예술가 커뮤니티, 기업 등과 연락하여 학생들이 도시와 로컬 커뮤니티에 영향을 미칠 수 있는 프로젝트를 수행할 환경을 마련한다. 학생들을 만난 파트너들에게도 의미 있는 경험을 만드는 일은 교수진이 챙기기 어렵다. 우리는 미네르바 학생들과 협업한 각 도시의 다양한 파트너들이 한자리에 모이는 행사 시비타스Civitas를 설계했다. 파트너들에게도 환영받는 행사다. 서로 가치관이 맞는 사람들이 모이는 또 하나의 경험을 만들어 낸 것이다.

2019년 5월에 열린 미네르바의 첫 졸업식, 컨시퀀트Consequent도 우리가 설계한 경험이다. 전형적인 대학 졸업식처럼 학생들은 모두 의자에 앉아 있고 유명한 누군가가 와서 연단 위에서 조언을 하고 가는 경험이 되지 않길 바랐다. 그래서 세계 곳곳에서 미네르바를 지켜보고 응원해 온 사람들을 초대했고, 초대받은 게스트와 학생들, 미네르바 교수진들 모두가 동등하게 대화에 참여하는 세션들을 사흘간 샌프란시스코 곳곳에서 동시다발적으로 열었다. 모든 세션이 1대 다수가 아닌 다대다의 대화가 자유롭게 흘러넘치는 자리가 되도록,

깊은 대화를 통해 새로운 관점을 얻고 또 다른 네트워크를 만나는 자리가 되도록 했다. 가장 미네르바다운 졸업식 경험이었을 것이라고 생각한다.

> 소비재 기업과 출판사, 스타트업 등의 기업에서 마케팅 임원으로 일하다 미네르바에 왔다. 교육 전문성이 없는 사람이 학교에서 일한다는 것은 어떤 의미인가? 전혀 다른 배경과 경험을 가진 교육자와 마케터가 함께 일하는 것은 어렵지 않은가?

기업과 교육 기관은 물론 많이 다르다. 하지만 공통점도 있다. 기업에서 마케팅 조직이 하는 일 중 교육 기관에 적용할 수 있는 일들이 있다. 마케팅의 핵심은 고객과 관계를 맺는 것이다. 이 일은 기업보다 교육 기관에 더 중요할 수 있다. 커피나 티슈 같은 제품을 사고파는 관계에서도 고객과 브랜드의 관계가 중요한데, 교육 기관의 선택이란 한 가족에게 가장 중요하고도 큰 투자가 아닌가. 기업이 고객 관계 관리CRM를 하듯 우리는 학생 관계 관리SRM를 한다. 학교를 설립할 때 창립자의 이름에 기대는 대신 '브랜드'를 생각한 것도 그렇다. 기존의 대학과 전혀 다른 혁신적인 학교를 만들기 위해 학교의 비전과 특성, 가치 등을 정의하고 의사 결정의 원칙으로 삼았다.

다만 처음 교육자들과 함께 일할 때 마케터들이 사용하는 전문 용어를 잔뜩 늘어놓지 않으려고 노력했다. 미네르바 초기 '우리가 누구인가'를 정의하던 시절, 기업의 마케팅팀에서라면 '우리 고객의 페르소나를 만들어 봅시다'라고 했겠지만, 우리는 '우리 학교에서 성장할 수 있는 학생은 어떤 학생일지 알아봅시다. 세계를 돌면서 학생들을 인터뷰해 보고 어떤 특성을 가진 학생들이 우리 학교에 가장 잘 맞을까 논의해 봅시다'라고 제안했다. 비전과 미션을 정의할 때도 일방적인 제시가 아닌 대화와 참여를 목표로 삼았다. 나는 기업에서 온 마케터이고, 나와 하루 차이로 팀에 합류한 학장Chief Academic Officer은 하버드에서 30년을 보낸 교육자였다. 하지만 새로운 학교에 걸맞은 의미가 필요하다는 것에는 동감하고 있었다.

내가 초기 멤버들에게 던진 질문은 마케팅팀의 일반적인 회의에서라면 던지지 않을 질문이었다. "미네르바가 사람이라면, 그 사람의 서가에는 어떤 책이 꽂혀 있을까?", "미네르바가 10년 후《타임》의 표지에 실린다면 표지에 실릴 이미지와 스토리는 뭘까?"라는 질문이었다. 그때 나는 우리 모두가 같은 방향을 바라보고 있다는 것을 알게 되었다. 표지에 창립자 벤 넬슨Ben Nelson의 사진이나 우리가 만든 수업용 플랫폼이 아니라 우리 학생의 사진이 실릴 거라고, 미네르바 학생이 암 치료법을 찾아냈다는 기사가 실릴 거라고 상상한 것이다.

그때 우리는 모든 의사 결정을 내릴 때 학생이 중심에 있어야 한다는 기본 원칙을 발견했다.

이러한 경험을 통해 모두 함께 만들어 가는 문화가 생겼다. 내가 모두를 프로세스에 참여시켰듯, 나도 기술 플랫폼을 만드는 작업에 함께 참여했다. 학생들은 기술도 코딩도 모르지만 그 플랫폼에서 어떤 경험을 하게 될지, 어떤 질문을 하게 될지에 대해서는 사용자 입장에서 의견을 제시할 수 있다. 그 결과, 학생들은 그 누구보다도 수업 플랫폼을 잘 설명할 수 있게 되었다.

5

학교 × 기술 ;
기술이 할 수 있는, 해야 할 일들

기술이 출발점은 아니지만

미래 학교의 모습을 상상할 때, '첨단 기술을 활용한 학교 시설'을 떠올리기 쉽다. 가상 공간에서 다양한 자원과 연결된 교실을 상상하기도 한다. 기술은 배움을 구현하고, 그 범위를 넓히는 중요한 자원이지만 미래 학교의 출발점은 아니다. 기술이 아닌 학생들의 배움에 대한 논의가 먼저다. 기준과 목적이 명확할 때, 빠르게 발전하는 기술이 학교와 교실에서 다양한 일을 해낼 수 있다.

학생들은 인터넷과 가상 현실VR 등을 배움의 자원으로 활용한다. 멀리 떨어져 있는 전문가와 영상을 통해 대화 나누는 일은 쉽고 당연한 일이 되었다. 도구를 사용해 친구들과 자연스럽게 연결되고 효율적으로 협업한다. 가상 현실을 통해 지나간 역사와 먼 나라의 이야기를 손에 닿을 듯 가깝게 느끼며 배우기도 한다.

기술은 학생들이 손쉽게 활용하는 창작의 도구이기도 하다. 탐구한 내용을 전자책이나 영상으로 만들어 세상에 내놓는 것이다. 모든 배움의 기록은 온라인 포트폴리오에 차곡차곡 쌓는다. 역량 중심 교육에서 빼놓을 수 없는 것이 평가와 포트폴리오다. 싱크 글로벌 스쿨은 기술 전문가가 교사들과 함께 개발한 프로그램을 통해 학생들의 모든 프로젝트를 모으고, 각 프로젝트에서 추구하고 달성한 역량 완성도mastery를 평가한다. 거꾸로캠퍼스의 교사들은 학생들이 프로젝트를 포트폴리오로 모으고 학생 성장 보고서로 연결하는 온라인 프로그램을 직접 개발해 사용하고 있다.

교사들은 운영 업무의 효율을 위해 기술을 활용한다. 역량 중심 교육, 학생 주도 교육, 프로젝트 교육을 실행하려면 많은 시간이 든다. 교사의 시간은 한정되어 있다. 운영에 필요한 행정 업무들을 미네르바 스쿨처럼 별도의 팀을 두어 해결할 수도 있지만, 커뮤니케이션이나 단순 지식 전달에 사용되는 시간을 기술로 절약하는 것도 하나의 방법이다.

하지만 기술이 가장 큰 임팩트를 일으킬 수 있는 곳은 학교 밖에 있다. 우리가 흔히 떠올리는 기술의 가능성은 '지금 학교에 다닐 수 있는 학생들이 더 잘 배우고 성장하려면'이라는 가정하에서 거론되곤 한다. 그러나 학교의 입장권을 받지 못했거나 학교 안에서 자리를 찾지 못한 학생들에게 기술은 더 큰 의미를 가질 수 있다.

기술이 해결할 수 있는 문제들

미래 학교에서 기술이 할 수 있는 일과 해야 하는 일을 이해하기 위해 기술 기반으로 교육 문제에 접근하고 있는 클래스팅과 에누마, 두 회사의 창업자들을 만났다. 두 회사는 기술이 미래 학교에 기여할 수 있는 두 가지 방식을 뚜렷하게 보여 준다.

클래스팅은 보수적인 시선으로 학교의 변화를 바라본다. 학교가 무의미해 보이더라도, 사라지지는 않을 것이라 믿는다. 지나치게 빠른 변화는 이해관계자들을 밀어낼 수 있음을 우려한다. 초등학교 교사 출신이기도 한 창업자는 교사들에게는 무엇보다도 시간이 필요하다고 말한다. 교사들에게 시간이 주어지면 학생들을 위해 쓰게 될 것이고, 그것이 바로 미래 교육의 출발점이라는 것이다. 그래서 클래스팅은 교사의 행정 업무 중 상당 시간을 들여야 하는 커뮤니케이션과 평가를 효율화하는 것에 기술을 활용하고 있다. 클래스팅 플랫폼에서 교사와 학부모, 학생들은 정보를 공유하고 대화를 나눌 수 있다. 교사 사용자들은 클래스팅을 학급 공지란이나 SNS로 사용하고, 수업 준비를 위한 학습 자료를 찾고 온라인 과제를 내거나 학습을 진단하는 도구로 사용하기도 한다.

에누마는 기존 학교가 해결하지 못하는 학생들의 문제를 기술로 해결하려 하는 팀이다. 장애가 있는 아이들도 배울 수 있는 수학 학습 앱(토도수학)으로 출발해 학교나 교사가 없는 지역에서 읽기와 연산을 공부할 수 있는 학습 앱(킷킷스쿨)으로 사업 영역을 넓혔다. 토도수학은 소비자 대상으로, 킷킷스쿨은 정부나 비영리 기구 대상으로 판매한다. 장애가 있거나, 다문화 가정 출신이거나, 학교가 없는 나라에서 태어났거나, 난민촌에서 자라는 등 다양한 이유로 학교에 접근하지 못하는 학생들과 기존 학교의 일방적 속도에 따라가지 못하는 학생들에게 배울 기회를 만들어 주고 있다. 세상의 교육 자원에 접근할 수 있는 사다리를 만들어 주는 것이다.

학생들이 디지털 학습 도구(킷킷스쿨)를 통해 초등학교 2학년 수준의 읽기와 쓰기, 계산 능력을 갖출 수 있게 된다면, 세상의 수많은 교육 자원을 활용할 수 있을 것이라는 믿음에서다. 게임을 만들었던 창업 팀은 사용자(학생) 중심으로 생각한다. 사용자가 학습에서 겪는 어려움은 사용자가 아닌 프로그램을 만든 사람의 잘못이라고 여기는 것이다.

미래 학교를 상상할 때에도 지금 학교 안에서 잘하고 있는 학생들만이 아니라 소외되고 뒤처진 학생들을 위한 보다 나은 교육이 함께 논의되어야 한다. 에누마 팀은 그런 일을 기술이 가장 잘할 수 있다고 믿는다.

기술이 모든 문제를 해결할 수는 없지만, 기술은 오랫동안 풀리지 않았던 특정한 문제를 해결하는 유일한 희망이 되기도 한다. 클래스팅과 에누마는 해결하고자 하는 문제, 기술을 적용하려 하는 대상이 명확한 기업들이다. 집중하고 있는 문제도, 강점도, 교육의 변화에 대한 가설도 다르지만 좋은 학교와 교사에 대한 믿음이 있다는 점은 공통점이다. 클래스팅은 교사를 지원하기 위해, 에누마는 그 교사를 만나지 못하는 아이들을 위해 기술을 사용하는 것이다.

미션에 공감하는 강력한 팀의 중요성을 강조한다는 것도 공통점이다. 성장하는 데 가장 중요한 요소를 물었을 때, 조현구 클래스팅 대표는 '미션에 공감하는 직원들'이라고 대답했다. 이수인 에누마 대표는 2019년 전 세계 아동 문맹 퇴치를 위한 소프트웨어 경진 대회 엑스프라이즈X Prize에서 우승한 이유로 '가장 잘하는 팀'이 있었다는 것을 꼽았다. 이 대표는 "400만 달러의 임팩트 투자 자금을 우승하겠다는 기세로 쏟아부었고, 그럴 수 있었던 건 미션의 힘이라고 생각한다. 우리는 이 일을 하기 위해 존재한다는 강력한 미션이 없었다면 두려움을 넘어서지 못했을 것"이라고 말했다.

지금의 교육과 학교가 해결하지 못하는 문제를 풀 수 있다는 신념, 교육에 대한 명확한 가설, 자원과 인재를 한자리에 모으는 능력은 교육 문제를 해결하고 새로운 학교를 만들어 내는 일에 뛰어들 팀에게 필요한 조건이다. 교사들의 역량과 역량을 키우기 위한 접근법을 강조한 것도 같은 이유에서다. 개별 교사가 교실 안에서 수행하는 역할만큼이나 교육자들이 이룬 팀이 어떤 역량을 가지고 어떻게 일하는지가 중요하다. 행정 관리의 수장이 아닌, 방향성을 제시하고 가장 우수한 팀원들을 규합해 동기를 부여할 수 있는 리더가 필요한 이유이기도 하다. 기술만으로는 문제를 해결할 수 없다. 기술을 활용하는 사람의 생각이, 기술을 통해 변화를 만들어 내고자 하는 사람들의 의지와 노력이 변화를 만든다.

"기술로 교사의 시간을 만든다."; 조현구 클래스팅 대표

<u>여전히 클래스팅을 훌륭한 가정 통신문 앱 정도로 인식
하는 사람도 많을 것 같다. 클래스팅을 직접 소개한다면?</u>

클래스팅의 미션은 학교의 불편함과 문제를 찾아내고 기술을
활용해 가장 효과적으로 해결함으로써 학생들이 더 나은 교
육을 받게 한다는 것이다. 기술이 사회를 빠르게 변화시키고
있는데, 사회의 빠른 변화를 학교가 같이 따라갈 수 있어야 한
다. 나중에는 학교가 따라가는 것뿐만 아니라 사회의 변화를
리드할 수 있어야 한다고 생각한다.

<u>학교가 사회의 변화를 리드한다는 것은 어떤 의미인가?</u>

학생들이 성장해서 변화를 이끌게 될 것 아닌가. 학교에서 무엇
을 배웠느냐에 따라 미래의 변화도 달라질 것이다. 학교 교육이
기술의 도움을 받는 것을 넘어 이용하는 단계가 된다면, 학교
교육도 사회 변화를 따라가는 것보다 빠르게 달라질 수 있을 것
이다. 교육 자체가 기술에 대한 이해를 바탕으로 개발될 것이다.

밀레니얼 세대 이후 젊은 교사들은 기술을 잘 알고, 즐겨 사용한다. 클래스팅 사용자 중에도 젊은 교사들이 훨씬 많고, 사용하는 방식도 각기 다르다. 기술이 익숙하지 않은 교사들이 공지를 내보내는 도구로 사용한다면, 젊은 교사들은 소셜 네트워크라고 생각하고 쓴다. 학교생활을 사진이나 영상으로 보여 주고, 학생들도 클래스팅 안에서 대화하게 한다. 학부모님들도 학교에서 일어나는 일을 투명하게 알 수 있으니 교사에게 응원과 감사의 답글이나 메시지가 간다.

클래스팅이 필수 도구가 될 것이라 생각하고 만들었다고 들었다.

시작 자체가 나의 필요였다. 내가 교사를 하면서 소통을 위한 서비스가 필요하다는 생각으로 만든 것이다. 우리 반 아이들, 학부모님들과 할 이야기가 너무 많은데 학교 홈페이지에 올리면 아무도 안 보고, 기존 소셜 네트워크를 사용하자니 트위터처럼 열린 공간은 어색했다. 페이스북은 연령 제한 때문에 학생들이 못 쓰더라. 미투데이도 시도해 봤지만 아이들에게 게임 등 광고가 많이 노출되어 교육적으로 사용하기에 부적절한 플랫폼이라고 생각했다. 그래서 직접 만들었는데, 지금은 회원 가입 기준 530만 명이 사용한다. 공교육 교사 40만명 중 23만 명이 사용한다.

커뮤니케이션 도구로 출발했지만, 목표는 역량 중심 교육이라고 밝히고 있다.

2019년 9월 400명의 클래스팅 교사 사용자에게 설문한 결과, 교사들은 수업 외 행정 및 관리 업무(57.1퍼센트)와 학생 개별화 교육(50퍼센트)에 가장 큰 어려움을 겪고 있다고 답했다. 행정 업무에 쫓기다 보면 학생 개개인을 들여다볼 시간이 부족하다. 업무 절감(71.4퍼센트), 학생과의 소통(50퍼센트)을 가장 중요한 목표로 꼽기도 했다. 이용자 중 74퍼센트는 클래스팅을 통해 매일 1시간 이상 업무 시간을 절감한다고 답했는데, 절약한 시간은 수업 준비(74.6퍼센트), 재충전(22.7퍼센트), 학생 상담(14.4퍼센트) 등에 쓴다. 기술이 절약해 준 시간의 대부분이 수업과 학생에게 돌아가는 것이다. 나의 교사 시절 경험으로 보아도, 수업 준비가 미흡한 날 학생들에게 가장 미안하다. 직업 윤리가 있는 교사라면 모두 그럴 것이라 생각한다.

클래스팅은 어떤 데이터를 수집하고 분석하나?

교사가 수업 방향을 잡거나 수업을 더 잘할 수 있게 돕는다는 목적에서 다양한 커뮤니케이션 데이터를 분석한다. 교육 관련 데이터만 뽑으려 하면 데이터가 잘 안 쌓인다. LMSLearning Management System처럼 학습만을 제공하는 서비스들은 숙제를 제출할 때 외엔 잘 들어가지 않는다. 커뮤니케이션을 기반으로 하면 데이터가 많이 쌓이고, 다양한 패턴을 분석해 볼 수 있다. 정제된 학습 데이터를 얻기 위해 과제나 평가를 제공하기도 한다. 학생들이 클래스팅을 통해서 과제를 제출하면 교사가 데이터를 실시간으로, 누적해서 볼 수 있다. 수업마다 이해의 수준을 바로 확인하고, 어떤 학생이 어떤 부분에서 도움이 필요한지도 파악할 수 있다.

> 교사들이 담당하게 되는 업무를 크게 행정 관리, 지식 학습, 역량 성장을 위한 조력으로 볼 때 클래스팅은 앞의 두 업무를 지원하는 것 같다.

교사들이 여력이 안 되면 수업 혁신에 신경을 못 쓴다. 수업에 쓸 시간이 확보된 이후에 수업 혁신에 필요한 기술을 제공해야 쓰지 않을까? 그래서 학급 커뮤니케이션부터 시작했고, 학급 단위의 학습, 평가를 자동화할 수 있는 평가 자동화 통계 시스템을 만들었다. 평가한 학생 중 제대로 이해하지 못한 학생을 교사가 계속 따라가 준다면 제일 좋겠지만 현실적으로 어려울 거라 생각해 인공지능을 활용했다. 학생 개개인마다 부족한 부분에 대해 집중해서 공부할 수 있고, 그 결과를 교사가 확인한다. 첫 평가에서 이해가 부족했다고 해도 다시 공부하고 보완한 결과까지 파악되면 그다음을 배울 준비가 되었는지 알 수 있다.

커뮤니케이션은 학교로 확장해 학교 전체와 가정의 커뮤니케이션을 효율화하고 있다. 교실 단위의 데이터를 학교에서 거시적으로 볼 수 있는 통계도 제공한다. 앞으로의 목표는 한국을 넘어서 다른 나라에서도 쓰일 수 있도록 만드는 것이다. 학교생활 데이터를 디지털 리포트, 포트폴리오로 만들어 학생이 활용할 수 있게 하고 싶다. 대학 입시 제도의 공정성 확보 문제로 잃는 것이 너무 많다. 디지털 포트폴리오가 만들어지고 교사가 인정한 데이터로 신뢰도를 얻으며 인정받을 수 있다면, 공정성도 확보하면서 유의미한 데이터를 제공할 수 있을 것이다.

새로운 학교 모델을 만드는 것이 목표라고 들었다.[15]

아이가 태어날 때쯤 만든 목표였는데, 아이가 학교에 가게 될 2년 안에는 어렵겠지만 언젠가는 할 것 같다. 핵심은 공교육과 같은 예산을 사용해야 한다는 것이다. 그래야 기존 학교 안에서 충분히 따라올 수 있을 것이다.

알트스쿨Alt School[16] 같은 학교야말로 공교육이 따라 할수 없는 학교다. 많은 자본을 투자한다면 혁신을 하는 건 크게 어렵지 않다. 하지만 기존의 학교와 너무 다르다는 것은 학부모에게 불안감을 줄 수 있다. 기존 입시 시스템은 그대로인데 너무 다른 형태로 수업을 받게 되면, 내 자녀가 갔으면 하는 대학이나 학과에 못 갈 것 같다는 걱정 때문에 못 보내는 것이다. 공교육이 못 따라가게 하는 것보다는 같이 변할 수 있는 모델이 필요하다고 생각한다.

벤처 캐피털 미슬토에서 투자받을 때, '아웃 오브 박스out of box' 요인이 무엇이냐는 질문을 받았다. 나는 공교육에서는 학교가 따라오지 못하게 하는 아웃 오브 박스는 위험하다고 대답했다. 미션이 공교육에 있다면, 학교가 따라올 수 있게 해야 한다.

우리 아이들이 성인이 될 때쯤에도 좋은 대학이 필요할까?

개인적으로는 중요하지 않다고 생각하지만, 사람들의 일반적인 생각이 중요하다. 공교육은 다수를 대상으로 하는 것이기 때문에 전반적인 인식이 중요하고 그 인식을 바꾸는 노력이 필요하다. 하지만 인식을 바꾸는 것은 억지로 되지 않는다. 자녀와 관련된 일에는 보수적일 수밖에 없다. 스마트폰이야 혁신적인 제품이 나오면 가볍게 써 보겠지만, 자녀를 두고 베팅하는 건 굉장히 큰일이다. 지나치게 앞서가면 응원을 받지 못할 것이다.

여전히 학교가 필요하다고 생각하는 이유는 무엇인가?

학교는 절대 사라지지 않을 것이다. 사회에 나와 더 '잘'사는 사람 만들어 주려고 학교에 보내는 건데, 그게 안 된다면 무용無用하다는 건 맞다. 그런데 무용하다는 것과 없어진다는 것은 다르다. 무용해도 학교에는 보낼 것 같다. 대신 유용하게 만들려는 시도를 하게 될 거다.

교육에서의 성공은 하나의 훌륭한 방안으로만 이루어지기는 어려운 것 같다. 학생, 교사, 학부모, 정책 입안자, 투자자 등 수많은 이해관계자가 있고, 모든 방향에서의 노력이 결합되어야 가능하다. 클래스팅이 생각하는 목표를 달성하기 위해 가장 필요한 것은 무엇인가?

미션에 공감해서 같이 일하는 직원들이 가장 중요하다. 그 방향을 계속 같이 응원해 줄 수 있는 투자자도 초기에 특히 중요하다고 생각하는데, 다행히 좋은 분들이 이사회에 계시다.

"최소한의 능력을 키우는 포용의 기술" ; 이수인 에누마 대표

에누마는 복합적인 사업 모델을 가진 회사인 것 같다.

우리는 교육열이 높은 6~8세 아이 부모들이 구매할 영어 학습 앱을 만드는 한편, 다문화 가정 아이들, 저소득층 아이들, 로힝야 난민촌 아이들을 위한 제품도 만든다. 빠르게 발전하는 대도시와 난민촌, 너무 다른 세상을 동시에 살며 너무 넓게 세상을 보는 데서 오는 울렁거림이 있다.

서울에 와보면, 전 세계에서 가장 머리 좋은 사람들이 공부를 너무 열심히 하면서 그 작은 세계 안에서 도태될까 봐 비교한다. 모두가 잘하는 사람들 사이에서 경쟁하는 것이다. '잘하는 사람들'이 세상을 만들어 온 건 사실이다. 부자들, 똑똑한 사람들, 이노베이터들이 이끌어 왔으니 그들 위주로 역사가 쓰이는 건 어쩔 수 없겠지만, 그 외의 삶에서 행복해지는 방법에 대해 이야기조차 하지 않는 사이에 우리가 잊고 사는 세상의 대다수가 있다는 걸 알아야 한다.

예를 들면 유네스코는 전 세계 60퍼센트의 아이들이 읽기와 연산에서 최소한의 학습 능력minimum proficiency을 갖추지 못하고 있다고 발표했다. 다자리수 덧셈과 뺄셈, 6개의 문장을 읽고 내용을 파악하는 것을 해내지 못한다는 뜻이다. 그렇다면 이 아이들에게 3학년 교실은 무슨 의미가 있는 걸까? 파키스탄의 어느 NGO는 학교 커리큘럼대로 3학년이 아닌 2학년 과정의 앱에 곱셈을 넣어달라는 요청을 해왔다. 파키스탄 아이들의 학습 상황에 대해 물으니 60퍼센트의 6학년 아이들이 2학년 수준을 달성하지 못한다고 대답했다. 그렇다면 곱셈을 2학년에 넣는 것이 도대체 왜 중요한가?

왜 그런 요구를 하게 될까?

교육은 관성으로 굴러간다. 200년 전 서양에서 귀족 계급에게만 허용했던 교육을 점차 평등하게 적용하던 때, 모든 인간은 배울 수 있다는 사상을 중시하다 보니 개인별, 국가별 차이에 대해 생각하지 않았다. 그 이후로는 한 번도 깊이 생각하지 않고 관성으로 굴러온 것이다. 장애가 있는 아이, 태어나서 문자라곤 볼 기회가 없었던 아이를 모두 한 교실에 넣고 같은 것을 가르친다. 태어나서 서로 다른 환경에서 7년을 자랐는데 갑자기 한곳에 몰아넣고 1년 안에 같은 수준을 달성하라고 하는 것은 폭력적이다. 그렇게 해서 실패한 아이들도 같이 다음 학년으로 올라간다. 이미 실패했으니, 더 어려운 다음 단계로 올라가면 올라가자마자 실패한다. 그런데 학교는 그걸 12년간 지속한다.

최근 국내 다문화 가정 어린이들을 위한 사업도 시작했
다고 들었다.

한국 다문화 가정 아이들의 30퍼센트가 언어 장애 판정을 받
는다. 미국은 다문화가 오랫동안 교육의 일부가 되어 있어서,
13세 정도가 되어야 영어가 모국어인 아이들의 영어 실력을
따라잡는다는 이해가 있다. 어릴 때는 엄마가 집에서 모국어
로 충분히 언어 자극을 주라는 가이드가 있고, 학교에서는 별
도의 과정을 운영한다. 그런 이해나 도움 없이 가장 경쟁이 심
한 나라의 일반 학교에 앉아 있는 다문화 가정 아이들, 어려운
환경에서 자라 트라우마를 가진 아이들, 장애가 있는 아이들
이 누리는 배움의 기회는 과연 난민촌의 아이들보다 낫다고
할 수 있을지 모르겠다. 교사들에겐 해당 학년에서 가르쳐야
할 진도의 목표가 있다. 그 목표에 도달할 수 없는 아이들이
교실에 멍하니 앉아 있는 시간은 얼마나 아까운가.

에누마는 학교 수업과의 연결이 끊어진 아이들, 즉 선
생님이 하는 말과 나의 지식 사이에 어떤 연관 관계도 찾을
수 없는 아이들에게 더 나은 시간을 만들어 주자는 소망으로
일을 시작했다. 그리고 그 일을 기술이 할 수 있는 일이라고
생각했다.

미래 학교에서 기술은 어떤 역할을 하게 될까?

미래 학교에 대한 논의는 두 가지로 이루어져야 한다. 배울 수 있는 힘을 가진 인간을 더 나은 배움으로 이끄는 것, 그리고 배울 수 있는 능력을 갖추지 못한 사람들에게 최소한의 능력을 주는 것이다. 혼자 읽고 정보를 습득하고 논리적으로 생각하는 능력, 초등학교 2학년 정도의 배움의 능력을 갖추지 못한 사람들이 있다. 게다가 이제는 2학년 수준으로도 생존이 어렵다. 문해력과 문제 해결력에 대한 요구 수준이 점점 높아지고 있기 때문이다. 현재의 학교 시스템에 맞추지 못하는 아이들에게 삶의 잠재력을 높여 주는 것, 배우는 법을 가르쳐 주는 것에 대한 논의는 현재의 교육에서 전혀 다뤄지지 않는다. 미래 교육에 대한 논의에서도 대부분 빠져 있다.

결국 미래를 무엇으로 보느냐의 차이일 것이다. 개인 비행기가 하늘을 나는 것이 미래라고 보는 사람이 있고, 개인 비행기에 못 타는 사람들도 지금보다 나은 삶을 살게 되는 것을 미래라고 보는 사람도 있다. 우리는 비행기에 못 타는 사람들도 어제보다 나은 오늘을 살 수 있도록 하는 것이 이노베이터들이 해야 할 일이라고 생각한다.

현재 교육의 격차가 100년이라고 한다. 선진국 학교와 가난한 나라 학교 사이의 격차만이 아니다. 같은 나라 안에서도, 예를 들어 어느 개발 도상국 안 외국인들을 위한 국제 학교와 낙후된 학교 사이의 격차가 100년이다. 맨 아래 바닥이 변하지 않는 것이다. 좋은 학교만 점점 좋아지면, 100년 후의 교육 격차는 200년이 될 수도 있다.

어떤 사람들은 기술이 인간의 삶의 바닥을 위로 끌어올려야 한다고 믿을 것이다. 우리는 교육도 같은 꿈을 꾸어야 한다고 믿는다. 그렇지 않다면, 학교에 제대로 가지 못하거나 학교에서 어떤 배움도 얻지 못하는 아이들은 미래에도 더 나은 삶을 살지 못할 것이다.

교육 격차를 좁히기 위해 에누마가 하는 일을 소개해 달라.

우리는 우선, 모두를 생각하는 디지털 솔루션을 세상에 보여주려 한다. 얼마 전 킷킷스쿨 앱에서 수화를 지원하는 기능을 실험해 봤다. 기술적으로는 충분히 가능한 일이고, 공교육으로 확대되면 그 혜택이 크다. 그러나 교육 회사와 개별 학교에서는 수화가 필요한 학생이 극히 소수니까 논의의 장에 오르지 못한다. 학교에서는 한 학생을 위해 수화 통역사를 채용해야 해서 해결이 어려운 문제라면, 기술로는 모든 아이들이 쓰는 시스템에 데이터 2기가 정도가 추가되는 상대적으로 간단하게 해결할 수 있는 문제다.

　　동시에 기술에 대해 이야기할 때 따라오는 엘리트주의를 경계하고 포용적인 교육의 역할을 강조하는 메시지를 던지고자 한다. 더 멋지고 똑똑한 미래를 만들고자 논의를 하는 사람들 한가운데에서 포용성inclusion에 대한 화두를 던지는 것이 우리의 역할이다. 이런 이야기를 하는 장이 보통 기술을 기반으로 여는 미래에 대한 콘퍼런스인데, 우리도 기술 회사다 보니 발언할 기회가 종종 있다.

기술이 가장 잘할 수 있는 일은 무엇인가?

디지털이 가장 잘하는 일은 복제해서 값싼 비용으로 많은 사람들에게 어느 정도의 질을 보장하며 전하는 일이다. 그러나 아직 한계가 분명하다. 학교의 문화나 향상심 같은 것은 디지털이 복제할 수 없다. 디지털은 인격에 반영되는 경험을 만들어 내지 못한다. 노벨상을 받는 석학을 키워 내려면 훌륭한 학교와 훌륭한 선생님이 필요하고, 지금 잘하는 곳이 잘하면 된다. 하지만 지금 교육 시스템에서 실패하는 곳들은 디지털과 손잡아야 한다고 생각한다.

　　현재의 교육에서 잘되지 않고 있는 분야는 너무나 많다. 무엇보다 교육은 비싸다. OECD 평균 학생 1인당 1년에 1만

달러 정도가 든다. 그래서 대부분의 국가는 자국 시민에게만, 그리고 7세에 단 한 번 기회를 준다. 이후 교육의 컨베이어 벨트에서 떨어지면 다시 올려 주지 않는다.

우리는 디지털 교육만이 누구나, 어느 상황에서나 교육에 접근할 수 있는 방법을 만들고, 각자의 속도와 사정에 맞출 수 있는 유일한 방법이라고 생각한다. 지금의 교육에는 해결해야 할 문제가 많다. 그만큼 더 좋은 기술과 더 많은 인재가 투입되어야 한다.

디지털 교육의 장점 중 하나는 데이터의 확보다. 어떤 데이터를 모으고 분석하나?

머신러닝이나 인공지능은 아직 걸음마 단계다. 반면 교육은 인간을 빚어내는 행위에 가깝다. 같은 문제를 풀더라도 좋은 교사들은 아이들의 표정, 보디랭귀지를 보며 아이들이 잘 배우고 있는지, 얼마나 알고 푸는지, 어떤 배움의 경험을 하고 있는지 판단할 수 있을 것이다. 그런데 많은 디지털 제품은 이 문제를 맞혔는지 틀렸는지만 수집한다. 그래서 우리는 한정된 정보로 '당신 아이는 이렇다'고 함부로 단정 짓지 않으려 조심한다. 수학 문제를 많이 틀린 사용자 데이터만 보고 '하위 13퍼센트이고 특히 이런 유형의 문제를 많이 틀린다'고 단정 짓기는 어렵다. 언니 아이디로 접속한 동생인지, 이민자 가정의 아이인지 디지털은 모른다. 학교를 제대로 다닌 아인지, 어떤 태도와 감정을 보이는지, 데이터만으로는 모르는 것이다.

그래서 사용자를 평가하는 것이 아니라 사용자가 중간 중간 걸려 넘어지지 않는 부드러운 학습 곡선을 만들어 내는 데에 데이터를 사용한다. 덧셈과 뺄셈을 같이 가르치는 게 나은지, 덧셈을 먼저 가르치는 게 좋은지를 판단하기 위해 데이터를 분석한다. 문제가 '깨져 있는지'도 유심히 본다. 문제가 너무 어렵거나 인터페이스가 복잡한가를 보는 것이다. 게임 업계에서는 모든 것을 사용자 중심으로 생각한다. 뭔가 잘못된 건 게임을 만드는 사람들의 책임이다. 어떤 문제를 아이들이 많이 틀렸다면 문제를 여기에 배치한 내 잘못이다. 그 문제를 뒤로 보내고 이해에 더 필요한 중간 단계를 넣어야 한다. 이런 일에 데이터가 쓰인다. "데이터 분석 없이 어떻게 교과서를 쓰나요"라고 묻게 될 시대가 올 것이다.

변별력 위주로 문제를 내는 것과는 정반대의 사고로 보인다.

아이들 반은 풀고 반은 못 푸는 문제가 변별력이 좋은 문제겠지만, 못 푸는 아이들의 학습 경험은 뭐가 되나. 우리는 웬만

하면 다 넘어갈 수 있는 문제를 만들려고 노력한다. 내가 뭘 모르는지 아는 것도 중요하지만, 실패를 경험해 온 아이들에게는 내가 잘하고 있다는 자신감을 주는 것이 더 중요하다. 나쁜 점수는 아이의 성장 욕구를 부숴 놓는다. 이겨 본 아이들은 넘어져도 다시 일어날 수 있다. 하지만 세 번 넘어진 아이들은 더 이상 달리지 않는다.

디지털의 좋은 점 중 하나는 모두 이길 수 있게 해준다는 것이다. 컴퓨터가 져주니까. AI를 이용해서라도 잘 져준다. (웃음) 각자의 수준에 맞춰 고민해서 풀면 넘어갈 수 있는 문제를 주는 것이 디지털이 잘할 수 있는 일이다.

우리는 기술이 현재 해결하지 못한 문제를 해결할 수 있다고, 교육이 게임에서 배워야 할 것이 있다고 믿는 사람들이다. 사용자 중심의 사고, 즉 사용자의 데이터를 가져와서 나의 잘못을 고치려는 태도를 가진 사람들이다. 디지털은 지금 교육이 못하고 있는 분야의 가장 큰 문제를 풀어야 한다고 믿는다. 우리 회사가 잘 성장해서, 지금과 같은 이야기를 하지 않아도 사람들이 자연스럽게 알게 되길 바란다.

에필로그　　　더 많은 질문이 필요하다

우리가 익숙한, 과거와 현재의 학교 그대로를 본다면 학교는 미래에 사라져야 할 대상일 수 있다. 그러나 변화할 수 있는, 배움의 커뮤니티로 정의한다면 학교는 미래에도 여전히 유의미하고 중요한 곳이 될 것이다. 그래서 미래 학교를 만들어 가는 교육자와 혁신가들은 그동안 기존의 학교에서 배운 것, 몸에 밴 것들을 비워 내는 '언런Unlearn', '디스쿨링De-schooling' 과정을 강조한다.

새로운 학교, 이상적인 배움이 일어나는 학교를 상상하는 것은 쉽다. 상상하지 않으면 아무 일도 시작되지 않는다. 하지만 상상만으로 이루어지는 일도 없다. 상상하고 합의했다면, 새로운 모델을 만들고 눈에 보이는 형태로 대화를 이어 가야 한다. 새로운 학교가 만들어지려면, 학교를 만들고 이끌어갈 구성원들 - 교사, 리더, 학생, 학부모 - 과 함께 새로운 시도와 실험에 유·무형의 자원을 제공할 외부의 조력자들이 반드시 필요하다. 그리고 조력의 역할을 누가 어떻게 담당할 것인가에 대한 대화가 필요하다. 미래 학교는 어떠해야 하는가에 대한 대화만큼이나 미래 학교를 어떻게 만들어 낼 것인가, 미래 학교로 어떻게 이행할 것인가 하는 전략이 중요하다. 교육 정책을 담당하는 교육부와 교육청은 물론이고, 교육 분야의 변화를 미션으로 하는 단체와 재단, 기금, 투자자, 그리고 자신의 전문성을 기반으로 미래에 필요한 교육에 기여할 수 있는 전문가들 모두가 제3의 구성원이 될 수 있다.

씨프로그램은 교육 실험에 지원하는 기금으로서 제3의 구성원 역할을 해왔다. 지난 5년간 학교 안팎의 교육자와 혁신가들과 함께 일해 오면서, 국내외에서 미래 학교를 만들고자 노력하는 사람들을 만나면서 배우고 생각한 것을 이 책에 담았다. 그리고 미래 학교가 지향하는 배움과 그 배움을 지속적으로 구현하는데 필요한 요소를 아래와 같이 정리했다.

변화의 요소Learning Formula

학생 중심, 프로젝트 기반의 세상과 맞닿은 배움(3장)

유연한 공간에서, 학교 담장을 넘나들며 배우는 경험(1장)

전문가와 적재적소에서 협업하며 배우기(2장)

변화의 촉매Catalyst

세상의 자원과 연결하고, 학생들의 배움에 조력하는 전문인으로서의 교사(4장)

교사들의 협업과 성장을 지원하는 조직 구조와 리더십(4장)

배움의 자원이자 연결과 창작의 도구로서의 기술(5장)

교사가 새롭게 수행할 역할에 대해 이야기하지 않고 전문가, 프로젝트, 유연한 공간 환경만 이야기할 수는 없다. 조직 구조와 리더십에 대해 이야기하지 않고 교사의 역할 변화만을 이야기할 수 없다. 프로젝트 기반, 학생 주도의 수업은 기존의 학교와는 다른 도구와 기술을 필요로 할 것이다. 학생 개인별 디지털 포트폴리오를 만들자는 주장은 학생들이 일상적으로 진행하며 쌓아 가는 프로젝트 없이는 공허한 구호가 될 뿐이다.

미래 학교를 만드는 요소들은 서로 연결되어 있다. 미래 학교의 구성 요소 각각을 최대한 구현하려는 개별적 시도뿐만 아니라, 서로 영향을 미치는 요소들을 포괄하는 학교 단위의 실험이 필요한 이유다. 지향하는 변화의 그림 전체를 보면서, 지금 선택한 요소의 변화가 다른 요소에 영향을 미치고 영향을 받는 모습을 보면서 만들어 나가야 한다.

그리고 여전히 많은 질문이 남아 있다.

- 미래 학교가 학생들에게 줄 수 있는 약속은 무엇인가?
- 그 약속이 지켜졌는지, 어떻게 알 수 있을까?
- 미래 학교의 다양성을 인정하되, 미래 학교를 구성하는 공통의 기준을 만들 수 있을까?
- 공교육 체계 안의 학교가 미래 학교의 실험을 시작하려면, 어떤 자원과 조력이 필요할까?
- 공교육 체계 밖에서 실험을 시작한 학교는 어떻게 공교육 안

으로 들어갈 수 있을까?

- 계속해서 실험이 일어나려면 어떤 정책적 지원이 필요할까?
- 일괄적인 확산의 대상이 아닌 각자의 실험을 진행하는 주체
  로서의 학교들은 어떻게 서로 만나고 격려하는 동료 그룹이
  될 수 있을까?

질문을 더하고 함께 답을 찾아갈 교육자와 리더, 학생, 학부모, 그리고 다양한 제3의 구성원들을 만나고 싶다. 교육의 목표가 입시 성공이 아니라 건강하고 행복한 사회 구성원을 길러 내는 일이고, 미래를 준비하는 것은 사회 구성원들이 변화에 유연하게 맞설 수 있도록 키워 내는 일이라는 점에 공감한다면, 그리고 학교는 달라질 수 있으며 달라져야 한다고 믿는다면, 미래를 준비하는 학교를 만들어 내려 애쓰는 학교 안팎의 교육자와 리더들에게 힘을 실어 주시길 바란다. 우리에게는 입시 제도보다 중요한 화두와 대화, 구체적인 실험과 관찰, 그리고 변화와 확산을 위한 고민이 필요하다.

주

1 _ 일반적으로 교과 과정의 일주일에 특정 교과목이 들어 있는 시간 수.

2 _ 〈2018 OECD 국제 교육 지표〉, 교육부·한국교육개발원, 2018, 419쪽.

3 _ 〈2018 교육 기본 통계〉, 한국교육개발원, 2018.

4 _ 양지호, 〈카카오에 간 미네르바 2학년들… '작심 100일' 앱 밑그림 바꿨다〉, 《조선일보》, 2019. 1. 18.

5 _ 박소현, 〈카카오 '프로젝트 100' 사회 긍정적 변화 이끈다〉, 《파이낸셜뉴스》, 2019. 9. 5.

6 _ Ronald. F. Ferguson et al., 《The Influence of Teaching - Beyond Standardized Test Scores: Engagement, Mindsets, and Agency》, The Achievement Gap Initiative at Harvard University, 2015.

7 _ 온더레코드, 〈지금 우리가 주목하는 배움 - 새는 휴덕기가 없어요〉, 2019. 9. 25.

8 _ Mizuko Ito et al., 〈Living and Learning with New Media: Summary of Findings from the Digital Youth Project〉, MacArthur Foundation, 2008.

9 _ 한상근, 〈[4차 산업혁명 시대의 유망 직업] 가상 공간·우주…모두 '미래 직업'의 무대죠〉, 《매일경제》, 2019. 7. 17.

10 _ 〈2018년 초·중등 진로 교육 현황 조사〉, 교육부, 2018.

11 _ 교육부 보도 자료, 〈교육부 2019년도 예산 75조 2052억 원 편성〉, 2018. 8. 29.

12 _ Carl R. Rogers, 《Client Centered Therapy: Its Current Practice, Implications and Theory》, Constable, 1951.

13 _ 〈등록금 동결 논란, 대학 교육의 목표부터 분명히 해야〉, 《한국경제》, 2019. 5. 14.

14 _ 주은혜, 〈국내 기업 2곳 중 1곳, '채용 시 학벌 본다'…가장 선호하는 학교는〉, 《컨슈머와이드》, 2019. 9. 17.

15 _ 조현구, 〈[스타트업 창업가 15인 에세이 '나의 꿈'] 조현구 클래스팅 대표〉, 《포브스》, 2019. 2. 23.

16 _ 구글 출신의 창업자 맥스 멘틸라(Max Ventilla)가 2014년 미국 샌프란시스코에 설립한 학교. 학생 개개인에 맞춘 개별화 수업을 제공하는 소규모 마이크로 스쿨이다. 지역 내 우수한 교육자들을 영입하고 실리콘밸리 창업가와 투자자들의 투자를 받으며 학교를 확장해 나갔지만, 2017년 이후 9개 학교 중 5개 학교의 문을 닫았다. 2019년, 알트 스쿨은 알티튜드 러닝(Altitude Learning)으로 사명을 바꾸고 소프트웨어 사업에 집중한다고 발표했다.

2013년 발표된 영국 옥스퍼드대의 〈고용의 미래Future of Employment〉 보고서는 자동화와 기술 발전으로 현존하는 직업의 47퍼센트가 20년 내로 사라지고, 기계가 대체할 수 없는 전문적 영역의 직업만이 생존할 것이라고 전망했다. 평가 수치가 0.01보다 낮아 사라지지 않을 것으로 지목된 대표적인 직업이 교사다. 많은 사람들이 인구 감소와 기술 발전으로 사라질 것이라 예상하는 영역, 학교에서 일하는 교사의 평가 수치는 0.0078에 불과했다.

시험 문제를 내고 점수를 매겨 학위를 수여하는 것을 학교와 교사의 일로 생각한다면, 학교와 교사는 사라지게 될 것이다. 그러나 더 이상 교과목을 가르치는 역할만으로는 학생들에게 도움을 줄 수 없다. 지속적으로 변화할 미래에 현대의 평가 기준을 반영한 학위가 효력을 상실할 수 있다는 전망도 나온다. 어른들이 경험하지 못한 문제를 풀어야 하는 새로운 세대에게 필요한 것은 결국 기존의 문제를 맞히는 힘이 아니라 전에 없던 문제를 발견하는 힘이다. 실시간으로 접속할 수 있는 온라인 강좌가 쏟아지는 시대에도 학교와 교사의 역할이 커질 수밖에 없는 이유다.

교육 혁신 프로젝트를 지원해 온 두 저자는 미래에도 학교가 배움의 단위로 기능할 것이라고 전망하면서, 새로운 학교의 역할을 '커뮤니티'로 정의한다. 사회와 유리된 채 담장 안에서 책으로만 공부하는 것으로는 미래를 이끌어 갈 새로운 세대를 도울 수 없다는 것이다. 사회의 다양한 전문가들과 연결되면서 실재하는 문제를 발견하고 해결하는 방법을 배우는 교육이 필요하다. 이를 위해서는 학교라는 교육의 기본 단위, 교사라는 조력자에 주목해야 한다고 말한다.

우리 사회의 미래가 다음 세대에 달려 있다는 사실을 상기해 보면, 학교와 교사의 역할은 더 분명해진다. 학교는 미래의 실험실이고, 교사는 미래를 그려 내는 실험을 설계하는 사람이다. 당장의 입시 제도 개편을 넘어 배움의 목적과 방법을 재정의하기 위한 논의가 필요하다. 앉아서 듣는 학생이 아닌 문제를 발견하는 학생, 가르치는 교사가 아닌 돕는 교사, 담장을 허물고 학교 밖의 전문가·기술과 연결되는 학교를 상상할 수 있어야 한다.

김하나 에디터